365 juegos para potenciar la inteligencia de tu hijo

TIKAL

Dirección editorial
Isabel Ortiz

Proyecto editorial
adosaguas
www.adosaguas.es

Coordinación
Myriam Sayalero

Maquetación
Pablo Arteche

Corrección
M. Carmen Martínez Castrejón y Sandra Benito Roca

Preimpresión
Miguel Ángel San Andrés

Significado de los iconos

ACTIVIDAD SENCILLA Y CORTA

ACTIVIDAD MÁS COMPLEJA Y LARGA

INDICA LA EDAD IDÓNEA DEL NIÑO PARA REALIZAR LA ACTIVIDAD

LA ACTIVIDAD SE REALIZA DENTRO DE CASA

LA ACTIVIDAD SE REALIZA FUERA DE CASA

Tikal Ediciones
Campezo, 13 - 28022 Madrid
Tel.: 91 3009100 - Fax: 91 3009110
www.susaeta.com
D.L.: M-12782-MMXIII

Actividades del lenguaje

Actividades del lenguaje

La primera «escritura» es el dibujo, a través del cual los pequeños comunican mensajes. En el primer nivel, la motricidad fina del niño es inestable, por lo que algunas actividades ayudan a fortalecer su destreza. Cuando el niño progresa en la «escritura» más allá de los dibujos, el resultado suele consistir en líneas, círculos y «trazos».

Así, poco a poco va aprendiendo algunas letras del abecedario; más adelante, las palabras, y después las frases. En este punto, puedes pedirle que se fije en las palabras que escribe, atendiendo sobre todo al primer sonido y añadiendo otros en el centro y al final de la palabra. Esto le ayuda a introducirse en el nivel fónico llamado «ortografía inventiva» y le ofrece la posibilidad de comenzar a independendizarse lingüísticamente de los adultos, y también de la ortografía establecida.

Al principio, el mensaje que plasma no es reflejo de aquello que cuenta, aunque lo importante es que entienda que al escribir está comunicando un mensaje. Éste es un paso crucial hacia la alfabetización.

001

+3

A la caza de sonidos

Una forma sencilla de ayudar al pequeño a identificar objetos y nombres pasa por recurrir a los instrumentos musicales. Puedes buscar imágenes de instrumentos y escribir su nombre debajo. Cuando hayáis terminado de recopilarlos, pregúntale sus nombres y pídele que lea cada palabra que los define. También conviene utilizar objetos que produzcan sonidos. Por ejemplo, una cucharilla y un plato, una copa a la que haréis círculos con el dedo en el borde, unas llaves... Pídele que nombre los elementos y escríbelos en un papel. Anímale también a que reproduzca el sonido que emiten y escribe su onomatopeya. Por último, podéis buscar los electrodomésticos que emiten sonidos, como la lavadora, la campana extractora o el secador de pelo. En esta actividad es importante que aprenda los nombres de los objetos, así como las onomatopeyas. Sólo así podrá relacionar un sonido con el objeto que lo emite, y a éste con la palabra que lo define.

HABILIDADES
- nivel fónico
- discriminación auditiva

+3

002

Bastoncillos para pintar

Para mejorar la psicomotricidad fina en los más pequeños, y la precisión a partir de los tres años, colorea con el pequeño un dibujo. Utiliza un lienzo, una cartulina, una carpeta o cualquier superficie que quieras decorar. Prepara unas témperas y calca o haz un dibujo a línea. El pequeño desarrollará su destreza y creatividad. Elegid los colores y comenzad a pintar. Bordea al principio la línea negra, para facilitar el coloreado. También puede simular el estilo impresionista: deja que pinte, presionando con el bastoncillo con toques regulares.

HABILIDADES
- dibujo y pintura
- pensamiento imaginativo

003

+3

El goce de leer

El reconocimiento de letras y sonidos contribuye al desarrollo de la lectura, pero lo que subyace bajo todas las técnicas al comenzar a leer (y para seguir leyendo durante toda la vida) es el significado. El niño puede acumular una impresionante colección de palabras visuales, pero necesita expresar e interpretar el significado de éstas.

Leerle habitualmente historias es una herramienta fundamental para conseguir que aprenda a leer.

Comienza con cuentos muy ilustrados, con grandes letras y poco texto. Primero lee la historia y señala en las ilustraciones los objetos o hechos que vayas narrando.

Después, hazle preguntas sobre las escenas, que busque elementos, personajes, que se oriente en el dibujo. Esto le ayudará en la comprensión de la información visual y oral. Son muy adecuados a este propósito de iniciación a la lectura los libros con frases o palabras ilustradas con una imagen.

Paralelamente a sus avances lectores en el colegio, comparte con él la lectura de cuentos cada vez más narrados. Después, pregúntale sobre la historia, así potenciarás su comprensión lectora.

IDEA

Pega papeles sobre objetos con su nombre escrito con letra clara. Por ejemplo, escribe «espejo» en un papel pegado en el baño. Así asociará palabras a su significado.

HABILIDADES

- pensamiento imaginativo
- pensamiento crítico
- comprensión
- reconocimiento visual de palabras

004

+3

Juegos con la tele

La televisión es una herramienta muy útil de conocimiento, información y diversión si se sabe utilizar con criterio y de una forma razonable.

Evita que el niño vea la tele solo, y procura que el hecho de verla se convierta en un acto familiar. Para ello, nada mejor que organizar un plan. Dibujad el calendario de una semana y escribid cada día qué programa vais a ver y por cuánto tiempo se prolonga. Recuerda que la televisión no debe ser un aliciente para completar actividades como vestirse o comer.

Para potenciar su capacidad de observación, mientras veis la tele puedes hacerle preguntas acerca de la historia o los personajes que en ese momento está viendo. También puedes potenciar su memoria preguntándole qué programa corresponde ver hoy, por ejemplo. Puedes ayudarle a fomentar su sentido crítico y analítico al comentar con él anuncios y efectos especiales de algunos programas, y también explicarle que no todo lo que se ve en la televisión es real.

No dejes que la televisión se convierta en un refugio o en una forma de aislamiento. Debes fomentar en él los aspectos sociales, pactando una programación u organizando un «plan de cine en casa» para ver una película juntos.

HABILIDADES

- pensamiento crítico
- adquisición del lenguaje

005

+3

Escrito en la arena

Aprender a escribir es un proceso altamente creativo. Por ello, es muy positivo que el pequeño pueda emplear cualquier soporte o recurso que tenga a su alcance, más allá de un lápiz y un papel. Además, es importante que diversión y aprendizaje vayan de la mano, para lo cual juega un papel fundamental la imaginación. Anímale a escribir en otros soportes, transmitiéndole así la importancia y la versatilidad de la comunicación escrita. Puedes utilizar un recipiente con arena, donde pueda dibujar símbolos o escribir palabras. También puedes emplear un plato o bandeja con harina o azúcar.

HABILIDADES

- reconocimiento visual de palabras
- reconocimiento del abecedario
- destreza manual

006

Fotos de familia

La familia constituye el microcosmos para el niño, donde aprende a relacionarse con los demás, las normas de convivencia y las reglas sociales. Desde aquí accede al mundo que va más allá de él mismo, descubre otras identidades y los vínculos que unen los unos a los otros.
Es fascinante ver cómo descubre a los demás, y cómo los identifica. Puedes realizar una actividad tremendamente estimulante para el pequeño con varias fotografías donde aparezcan diferentes miembros de la familia. Escribid juntos los nombres de los familiares que aparezcan en la fotografía y también su parentesco dentro de la saga familiar: padres, tíos, hermanos, primos, abuelos, padrinos...

HABILIDADES
- reconocimiento visual de palabras
- ortografía inventiva
- series

007

Escribir con los dedos

Comenzar a escribir es un proceso complejo y en ocasiones difícil. Resulta muy positivo motivar al pequeño a través del juego, pues de esta forma no es consciente de la finalidad de la tarea que está realizando y, sin embargo, resulta doblemente eficaz, ya que al tiempo que se divierte está asimilando algo que, de otro modo, le resultaría más complejo retener.
La pintura para dedos es perfecta para aprender a escribir sus primeras letras y permite al niño experimentar con las texturas, desarrollando al mismo tiempo la destreza necesaria para escribir. En lugar de la difícil sujeción del bolígrafo, el niño puede comenzar a escribir la A con el dedo. Primero dibujará dos líneas a partir de un punto, unidas por una raya horizontal. Después dibujará la E, una línea vertical con tres líneas horizontales, y así, sucesivamente. Es un buen modo de aprender de una forma muy divertida a escribir y reconocer las letras.

HABILIDADES
- reconocimiento visual de palabras
- dibujo y pintura

008

Letras gigantes

Para desarrollar el conocimiento del abecedario puedes reproducir las letras en diferentes texturas y formatos. Si recortas las siluetas de las letras en papel de lija, el niño puede recorrer la forma de las letras con los dedos y reconocerlas. También puedes componer su nombre con estas letras y pegarlo en la puerta de su habitación o en otro lugar adecuado. Así, podrá reconocer lo que para él inicialmente no son más que dibujos e identificarlo con un significado: su nombre.

HABILIDADES

- reconocimiento del abecedario

009

Música para pintar

La música es una maravillosa forma de potenciar la creatividad en los niños. Procura no tener «ruido» de fondo, como la televisión o la radio encendidas sin prestar atención. Es mucho más interesante elegir y escuchar una música con él, acompañando ésta con cualquier otra actividad. Acostúmbrale a asociar la música con diferentes actividades: una música para levantarse, otra para dormir, otra para divertirse... Investigad juntos cómo asociar los diferentes tipos de música a colores, formas o letras. Una música tranquila, por ejemplo, se asocia a colores suaves, formas redondas y palabras tranquilizadoras. En cambio, una música más estridente se asociaría a colores fuertes, formas rectas y asimétricas y palabras que indican acción.

HABILIDADES

- dibujo y pintura
- pensamiento imaginativo

010

+3

Puzle de fotos

Si dispones de varias fotografías que puedas desechar, es la ocasión perfecta para que el pequeño las emplee en un puzle de fotos, con el que podrá identificar y relacionar a los miembros de la familia. Ayúdale a recortar en las fotografías las diferentes personas que aparezcan y después compón un *collage* organizándolas por parentesco. Ayúdale a hacer una composición con todos los tíos; otra con todos los primos, con los abuelos...

HABILIDADES
- discriminación visual
- destreza manual

011

+4

¡A escena!

Después de leer un cuento varias veces, cuando hayas podido comprobar que el pequeño reconoce los personajes y está familiarizado con la narración, organiza una sencilla representación de la historia. Es una forma muy divertida de trasladar a la realidad el mundo imaginario de los cuentos. Participando, además, del juego de los disfraces estarás potenciando su creatividad e imaginación, así como su capacidad organizativa, pues podéis decidir entre varios el reparto de los personajes y la puesta en escena. Son las primeras representaciones de los roles que en un futuro desempeñará en el trabajo en grupo.
Para los disfraces sirve cualquier recurso sencillo: un pañuelo y un rollo de cocina para un pirata, una falda de mamá para una pastorcilla... o una corbata a modo de pajarita para representar a un adulto.

HABILIDADES
- pensamiento imaginativo
- adquisición del lenguaje
- dibujo y pintura
- motricidad fina

012

Teatro de marionetas

Su participación en la lectura puede ir mucho más allá de la comprensión del texto. Tienes la oportunidad de potenciar su imaginación creando marionetas de los personajes de un cuento. Con una pajita y un dibujo coloreado y recortado, el niño puede hacer una divertida representación de un cuento que ya conozca o que él mismo invente. Anímale a que cambie la voz según el personaje del que se trate y estimula su creatividad proponiéndole diferentes formas de crear a los protagonistas de los cuentos. Puede recrear incluso un acontecimiento familiar.

HABILIDADES

- pensamiento imaginativo
- adquisición del lenguaje
- dibujo y pintura
- motricidad fina

+4

013

Escribir en la espalda

El reconocimiento del abecedario y su utilización es una constante diaria que debería acompañar la mayor parte posible de los actos cotidianos, y no quedar restringida al espacio educativo del colegio.

Si prolongamos con nuestros pequeños la enseñanza de lo que aprenden en la escuela, estimulamos y afianzamos su proceso de aprendizaje. No hay que olvidar, además, que ellos perciben el aprendizaje como una actividad más lúdica y divertida a nuestro lado.

Prueba a escribir letras en la espalda del pequeño. Presiona con el dedo la forma de una letra y deja que la adivine. Puedes dibujar también algún elemento que empiece por esa misma letra, para que asocie la letra con la palabra que representa al elemento. Por ejemplo, escribe en su espalda una C y a continuación la forma de una casa.

HABILIDADES

- reconocimiento del abecedario
- estimulación sensorial

+4

014

Adivinanzas alfabéticas

El juego de las adivinanzas es uno de los más versátiles para realizar en compañía. Puedes practicarlo en cualquier situación y lugar. A partir de los dos años puedes hacer una versión comprensible para él, que le permita entender la dinámica del juego. La adivinanza consiste en dar pistas sobre un objeto (es una fruta roja que cae del árbol, la comió Blancanieves...). A partir de los tres años, puedes darle únicamente la pista de la primera sílaba (empieza por «man»), acercándole así a la comprensión de las palabras y su composición. A partir de los cuatro años estará preparado para que la pista de la adivinanza sea tan sólo la primera letra inicial.

HABILIDADES

- reconocimiento del abecedario
- pensamiento crítico

015

Alfabeto con fotos

Imágenes y palabras es la asociación básica por la que el niño comenzará el aprendizaje de la escritura y la lectura. Son muy apropiados los libros de imágenes con una palabra que identifica cada objeto. Acudiendo a estas fuentes, fomentas el maravilloso hábito de la lectura.
Probad también a ver fotografías, y escribid la inicial con la que empiezan los elementos que aparezcan en ellas. Una A en un árbol, una C en un coche o una M en una mesa, por ejemplo. Si no es posible escribir en la fotografía, anímale a que la reproduzca en un dibujo, donde libremente podrá escribir él mismo las iniciales de los elementos que haya dibujado.

HABILIDADES

- reconocimiento del abecedario
- nivel fónico
- discriminación auditiva

016

Carné de conducir

Es importante que traslade el aprendizaje de la escritura y la lectura más allá de la fantasía y la imaginación, y que advierta su aplicación en la sociedad.

Para ello, es necesario que compruebe la utilidad del acto de la escritura en un entorno social, más allá del ámbito circunscrito a la familia.

Obviamente, esto no dejará de ser una simulación, puesto que a la edad en que los niños aprenden a leer y escribir en nuestra sociedad no están aún preparados para enfrentarse al «mundo real» sin nuestra protección. Sin embargo, sí puede ser un primer paso para tomar conciencia de que sin leer ni escribir no podríamos desenvolvernos en la sociedad ni entender gran parte de sus mensajes y, sobre todo, en muchos casos no podríamos hacernos entender.

Una forma divertida –que a la vez fomenta su sentido de la responsabilidad– consiste en confeccionar un carné para ciclistas a su nombre. Esto le hará tomar conciencia vial.

En este carné de conducir puede escribir su nombre completo, edad, domicilio y el «vehículo» que conduce, incluyendo el modelo de bicicleta y una fotografía suya.

Esta actividad fomenta, además, el aprendizaje de las normas sociales y la educación en el respeto de las reglas.

HABILIDADES

- reconocimiento visual de palabras
- discriminación visual
- adquisición del lenguaje

017

Colección de postales

Uno de los pilares en el desarrollo del lenguaje, ya sea oral o escrito, es el vocabulario. La eficacia de la comunicación depende en muchas ocasiones del número de vocablos que seamos capaces de manejar. Que el niño pueda identificar un objeto, un lugar o una emoción con una palabra que lo defina con precisión depende en gran parte de ti. En esta etapa siente curiosidad y ganas de aprender. Está descubriendo un mundo que, aunque siempre había estado delante de sus ojos, hasta ahora no había podido comprender, como si fuera invisible. Está atravesando la puerta de la comunicación, y se muestra fascinado ante las enormes posibilidades que se presentan ante todo lo que está descubriendo. Probablemente ésta sea la etapa evolutiva de tu pequeño en la que más disfrutes con él del aprendizaje de la comunicación.

Una forma de participar en esta experiencia es crear un álbum de postales. Buscad algunas que tengan diferentes elementos que él pueda reconocer, aunque no tenga necesariamente que identificarlos con su palabra correspondiente. Después, ve enriqueciendo la postal anotando en ella las palabras de los elementos que aparezcan. De este modo, podrá asociar la representación escrita con los objetos representados.

HABILIDADES

- pensamiento imaginativo
- adquisición del lenguaje

018

+4

Clasificar dibujos

Para los objetos cotidianos resulta de gran ayuda, como hemos sugerido con anterioridad, incorporar los términos escritos junto a su significante. En esta ocasión, la actividad se refuerza con la organización conceptual. Es decir, en la cocina podemos etiquetar los alimentos frescos por un lado y los no perecederos por otro: «galletas» es un tipo de alimento, y «aceite» otro tipo diferente, por ejemplo. Anímale a que distribuya los elementos de una estancia: la cocina, una habitación, el baño... Después, estableced la organización y escribid en papeles adhesivos sus definiciones.

HABILIDADES
- pensamiento crítico
- ordenar y clasificar

019

+4

Cenefa alfabética con fotos

En lugar de usar fotografías para ilustrar un abecedario, puedes crear una cenefa alfabética con fotos pegadas en tiras largas de papel de envolver, unidas con grapas. Escribe una letra y pega una foto apropiada al lado, o pega una foto debajo de la letra que representa.
Puedes colgar esta larga tira de letras y fotos en las paredes de la habitación del pequeño Recuerda que las fotos tienen que estar a la altura de sus ojos, para que pueda verlas e identificarlas fácilmente.

HABILIDADES
- reconocimiento del abecedario
- discriminación auditiva
- nivel fónico

020

+5

Cómete el abecedario

Para el pequeño, jugar mientras come es algo enormemente atractivo. El de la comida puede convertirse en un momento tedioso y en una lucha constante, pero puedes traducirlo en diversión si incorporas una actividad diferente, que a la vez refuerce el aprendizaje de la escritura. Para ello únicamente necesitas letras comestibles: pasta de letras para la sopa o galletitas de letras. Anímale a que componga las palabras que tú mismo le irás dictando. Es una forma similar al deletreo, e irá aprendiendo cómo las letras forman palabras y éstas representan significantes.

HABILIDADES

- reconocimiento visual de palabras
- reconocimiento del abecedario

021

+4

Construye conceptos

La organización es la puesta en práctica de sistemas de clasificación y división de conceptos. Al aplicar un sistema de organización en su vida cotidiana, el niño puede ampliar su rango de pensamiento. Anímale a que aplique una clasificación a sus juguetes, por ejemplo. Puede escribir notas identificando los grupos en los que los ha dividido. Por ejemplo, puzles, construcciones, muñecas, libros, recortables, plastilina... También puedes ayudarle a organizar su armario: zapatos, camisas, pantalones, babis..., con sus correspondientes notas escritas.
De este modo, el pequeño tendrá una percepción más detallada y elaborada de su entorno.

HABILIDADES

- pensamiento crítico
- ordenar y clasificar

022

Escenarios de cuentos

Para reforzar y estimular la capacidad creativa del pequeño, nada mejor que representar los cuentos en divertidos escenarios. Puedes hacerlo siguiendo los elementos que él vaya nombrando. Pintad el escenario en el interior de una caja de cartón e id colocando las figuras recortadas de lo que vaya enumerando: puente, príncipe, pirata, río, castillo...
Puedes nombrar el elemento que hayáis recortado mientras lo manipuláis, para que él lo vaya memorizando, o, si está aprendiendo a leer, puedes escribir su nombre en inglés y español. Irá asociando la palabra al significado.
A medida que vaya enriqueciendo su vocabulario, esta actividad se irá convirtiendo en algo más divertido y entretenido. Juntos podéis dibujar, colorear y recortar los elementos que configuran la historia que estáis representado. De este modo, también desarrollará su habilidad para realizar actividades en equipo.
Deja que desarrolle su imaginación. Recuerda que lo importante en esta actividad no es que memorice la historia, sino que sea capaz de asociar nombres a elementos, por lo que sería fantástico que inventase contigo sus propias historias... o variase las que ya conoce.

HABILIDADES
- pensamiento imaginativo
- comprensión
- dibujo y pintura

023

Diseño de camisetas

La posibilidad de llevar las primeras palabras escritas a un soporte que no sea el del papel es muy divertida. Por ejemplo, puedes animar al niño a que escriba su nombre, o una letra, en una camiseta. Además de ser una actividad muy entretenida, desarrollará su creatividad, al tiempo que lucirá una camiseta escrita por él mismo.
Se trata de algo sencillo y de vistoso resultado. Sólo necesitas una camiseta lisa, ceras, papel de estraza y una plancha. Si aún es pequeño, basta con que el niño escriba su inicial. Es suficiente con que presionéis con fuerza las ceras. Después, coloca encima el papel de estraza y plánchalo. Para que el dibujo permanezca durante varios lavados, es mejor utilizar agua fría.

HABILIDADES
- reconocimiento visual de palabras
- pensamiento imaginativo
- dibujo y pintura

024

Comidas divertidas

La hora de la comida es un espacio que también puedes destinar al aprendizaje del vocabulario y la escritura. Formula al pequeño varias preguntas acerca de lo que está comiendo y pídele que identifique los alimentos del plato. Deja que vaya enumerando los que conoce e infórmale del nombre de aquellos que todavía no haya aprendido. Si está comiendo sopa, por ejemplo, anímale a que identifique los ingredientes y su clasificación: verduras, carne, pescado... De este modo, consigues hacer amena la comida, mientras amplía su vocabulario y lo pone en práctica. También puedes enriquecer aún más la actividad describiendo las cualidades del alimento.

HABILIDADES
- discriminación visual
- pensamiento crítico
- destreza manual

IDEA

Si sois varios en la mesa, podéis organizar un concurso de palabras para definir los alimentos.

025

Mensajes escritos

Puedes crear con el pequeño mensajes de diferente contenido. Además de practicar la escritura, reforzará su conciencia acerca de la importancia y utilidad del mensaje escrito en la comunicación. Por ejemplo, puede escribir mensajes como «Conduce despacio», y ponerlos en la parte trasera del coche. De este modo, estás reforzando su educación vial, y un comportamiento responsable. También puede escribir notas como «Estoy descansando» o «¡Bienvenido!» en la puerta de su habitación. Será su primera comunicación escrita con los demás.

HABILIDADES
- reconocimiento visual de palabras
- pensamiento imaginativo
- dibujo y pintura

026

Escribir cartas

Probablemente a esta edad el pequeño ya habrá memorizado sus apellidos, la calle en la que vive y la ciudad, incluso puede que también el número de teléfono. Esto es importante, y también que sepa reconocerlo por escrito. Anímale a que escriba cartas a sus amigos, incluyendo el nombre y la dirección tanto del destinatario como del remitente. No olvides comprar sellos para pegarlos en los sobres y echarlos con él al buzón.

HABILIDADES

- reconocimiento visual de palabras
- pensamiento imaginativo
- adquisición del lenguaje

027

Grabaciones personales

Ensayad un cuento, da igual que sea popular o inventado. Cuando veas que se siente seguro y cómodo con su lectura o narración, grábalo en una cinta o vídeo. Buscad un momento de reunión en familia para enseñar el vídeo donde el pequeño muestra su capacidad lectora o narradora. Es un testimonio muy entrañable, y también una prueba para que se escuche a sí mismo leer. Esto le dará seguridad y reforzará su autoconfianza.

HABILIDADES

- adquisición del lenguaje
- reconocimiento visual de palabras
- pensamiento crítico

028

Escribir un libro

Un modo de estimular su interés por los libros es escribir uno. Primero, plantead juntos sobre qué queréis escribir, de qué tratará. Él necesitará ayuda en el planteamiento de la historia, tanto al comienzo, como durante el desarrollo y desenlace. Si primero narra el cuento, después será mucho más fácil organizar su estructura. Explícale en qué consiste y qué ocurre en cada una de esas tres fases.

Una vez lo hayáis escrito, ilustradlo con dibujos que representen la historia. Después, grapad las páginas y preparad una cubierta colorida con vuestros nombres. Será un motivo de orgullo para el pequeño, y un bonito recuerdo para el futuro

HABILIDADES

- pensamiento imaginativo
- adquisición del lenguaje
- dibujo
- ortografía inventiva
- reconocimiento visual de palabras

029

Adivinar objetos

A pesar de ser poco actual, este juego sigue teniendo muy buena acogida. Continúa manteniendo la frescura y encerrando la misma diversión de siempre. Cuando un niño tiene los ojos vendados, el resto de sus sentidos se agudizan, al igual que sucede en edad adulta. Por esta razón, este pasatiempo resulta muy estimulante en la etapa de aprendizaje del lenguaje, y útil para desarrollar la capacidad sensorial.

El reto de adivinar qué objetos tiene entre las manos es una forma divertida de combinar el juego con el aprendizaje de nuevas palabras. Se le pueden dar pistas que le ayuden a identificar el objeto: el color, su utilidad, el lugar donde se guarda...

También es interesante que describa el objeto que tiene: si es pesado o ligero, cuál es aroma, su forma, etcétera.

Es muy divertido jugar a adivinar objetos en un cumpleaños; por ejemplo, introduciendo diferentes cosas en la piñata. Quien tenga los ojos vendados tendrá que descifrar qué objeto tiene entre las manos, con la ayuda de las pistas que los demás le vayan dando. Para que el juego sea aún más divertido, los objetos pueden tener varias texturas, incluso ser gelatinosos, fríos o calientes.

HABILIDADES

- nivel fónico
- discriminación sensorial
- pensamiento deductivo

030

Rectas y curvas

En esta etapa evolutiva, al pequeño le encanta alternar juegos e inventar otros nuevos. Una combinación perfecta es la que aúna líneas curvas y rectas para componer palabras, a modo de juego de construcción. Bríndale la posibilidad de mezclar estos elementos para poder construir letras y, con ellas, palabras. Así, podrá comprobar que la escritura no es tan sólo el acto de trazar letras; también compondrá las palabras con objetos. Se reforzará en él, además, la idea de que las letras adoptan la forma de líneas rectas y curvas.

HABILIDADES
- reconocimiento del abecedario
- discriminación visual

IDEA

Componed letras con plastilina y palitos o con arcilla de modelar. Luego podréis hacer con ellas un cuadro.

031

Manteles personalizados

Es probable que al pequeño le ilusione hacer los regalos para sus amigos o familiares. Seguramente, muchos de los objetos que él mismo diseña y crea sean para regalárselos, orgulloso y satisfecho, a sus seres queridos.
Proponle que cree unos manteles escritos por él mismo, por ejemplo, con el nombre de los familiares a quienes se los vaya a regalar. Sugiérele la idea de utilizar una cartulina en la que incluya un dibujo dedicado a esa persona. Después, fórralo con plástico por ambas caras.

HABILIDADES
- reconocimiento visual de palabras
- dibujo
- manualidades

032

Marcos con letras

Las manualidades fascinan a los niños a partir de los cuatro años. En meses anteriores han afianzado la psicomotricidad fina con recortables, plastilina, pegando papeles y pintando o coloreando en espacios más pequeños, respetando el contorno de las figuras.

Una buena forma de potenciar las habilidades manuales del pequeño consiste en ayudarle a crear objetos cotidianos que pueda utilizar él mismo o algún miembro de la familia. Por ejemplo, un marco de fotos.

Anímale a escribir letras sueltas en pequeños trozos de papel o cartulina. Pueden ser letras aleatorias, en mayúscula o minúscula, combinadas luego para formar palabras. Al pegar estas letras en un marco de fotos o en un espejo, podrá verlas con frecuencia. También puede pegarlas formando palabras, o un mensaje, en el marco.

Si ya ha empezado a distinguir la forma y el uso de las letras mayúsculas y minúsculas, es buen momento para que lo ponga en práctica. Proponle que componga palabras que empiecen por una letra en mayúscula, y que vaya variando otras posibilidades de palabras que comiencen por esa misma letra.

HABILIDADES

- coordinación ojo-mano
- reconocimiento del abecedario
- adquisición del lenguaje

033

Abecedario de imágenes

Para el niño será fascinante ver fotografías de la familia en las que él mismo aparece realizando diferentes actividades. Ahí comienza el reconocimiento de uno mismo y de su entorno, más allá de los actos cotidianos.

De hecho, es una actividad que, sin otros añadidos, puedes realizar periódicamente con su ayuda. Te sorprenderá comprobar la memoria que tiene y la cantidad de detalles que recuerda. Si aún es pequeño y no habla con soltura, le verás sonriendo, saltando de alegría y señalando a los miembros de su familia más cercanos: vosotros, los tíos y los hermanos o los abuelos, si pasa con ellos mucho tiempo.

Aprovecha esta oportunidad para asociar su curiosidad por estas fotografías con la que siente por la escritura. Si puedes, escribe al pie de cada imagen una palabra que la defina: el nombre de la persona que aparezca, el nombre del lugar, la estación del año. Hablad sobre la escena de la fotografía: qué ocurre en ella, quiénes aparecen, dónde se hizo la foto... Procurad recordar juntos, estimulando al niño con nuevas palabras. Deja que dibuje la inicial de la palabra que irá al pie de la imagen. Así podrás después

HABILIDADES

- fonética
- discriminación auditiva
- reconocimiento del abecedario

034

Móviles de letras

Una manualidad idónea para jugar con el pequeño consiste en crear elementos móviles, por ejemplo, una cortina de letras. Sólo necesitas círculos de cartulina, hilo de pescar, un rotulador y una grapadora. Él puede encargarse de escribir las letras en los círculos, y tú puedes ensartarlos, una vez escritos, en el hilo de pescar. Finalmente, tendréis que grapar al techo o pegar con cinta adhesiva cada hilera. Podéis adjudicar un color a cada letra, de modo que siempre tenga el mismo; así, el pequeño podrá reconocerlas fácilmente: A en azul, R en rojo, V en verde, y así, sucesivamente.

HABILIDADES
- destreza manual
- ordenar y clasificar
- pensamiento crítico

035

Parejas de objetos

Podéis crear juntos varias tarjetas con diferentes dibujos de objetos cotidianos. Pueden ser elementos que él mismo vaya nombrando, según las categorías que hemos visto en actividades anteriores. Por ejemplo, pídele que enumere diez juguetes, diez prendas de vestir o diez alimentos. Una vez que los hayáis dibujado y recortado, comienza el juego, es decir, la puesta en práctica de una de las cualidades fundamentales a la hora de adquirir vocabulario: la memoria.
Una vez ordenados los grupos de palabras, anímale a que vaya recordando los objetos que ha dibujado; así acumulará aciertos. También puedes mostrarle las tarjetas ordenadas y, después de un breve tiempo para memorizarlas, ocultarlas para que las enumere. De esta forma estás reforzando su vocabulario, su memoria y su capacidad de relacionar y asociar objetos.

HABILIDADES
- discriminación visual
- memoria
- asociación de elementos

036

+4

Parejas de letras

Para ayudar al niño a aprender las letras del abecedario, tanto en minúscula como en mayúscula, haz cubos de papel o cartulina para cada letra.

Enuncia una palabra y anímale a que la componga con los cubos de letras. Primero pídele que la escriba en mayúsculas, y más tarde con letras minúsculas.

Tal vez resulte más sencillo utilizar recortes de papel o cartulina en lugar de confeccionar los cubos. Esta actividad es útil para reforzar su memoria visual y para aprender a identificar símbolos que, tanto en mayúscula como en minúscula, tienen idéntico significado.

HABILIDADES
- discriminación visual
- reconocimiento del abecedario

IDEA

Guarda en un sobre los recortes con las letras, podrás llevarlos a cualquier parte y jugar con el pequeño.

037

+4

Primeros auxilios

Probablemente el pequeño ya haya jugado a los médicos en más de una ocasión, imitando, junto con otros niños, una cura con tirita o visitando la enfermería, aquejado de dolor. Incluso puede que tenga un botiquín de juguete o un disfraz de médico o enfermero.

Todo esto se desarrolla en el plano de la fantasía, como una forma de asumir roles que observa en la sociedad. Por eso, resulta de gran utilidad enseñarle qué son los medicamentos y cómo nos curamos cuando estamos enfermos. Mostrarle, por ejemplo, el funcionamiento de un termómetro, las vendas, la mercromina, y explicarle cómo actúan algunas cremas, como la protección solar o la utilizada para las escoceduras.

HABILIDADES
- pensamiento crítico
- formular preguntas
- obsrvación

038

¿Qué es eso?

Nuestros niños son grandes observadores del entorno, tanto, que dedican todo su tiempo a analizar y aprender. Una actividad divertida y sorprendente puede centrarse en analizar su capacidad de observación.

Puedes poner un objeto en un lugar que no le corresponda; por ejemplo, una esponja de baño en el salón, el mando de la televisión en el cuarto de baño o el champú en la cocina... y preguntarle más tarde qué elemento no corresponde a esa estancia. Cuando lo haya averiguado, pregúntale cuál es su lugar.

Te sorprenderá su gran capacidad de observación y análisis. Puedes animarle también a que observe una estancia y después, una vez hayas incorporado el objeto extraño, preguntarle qué ha cambiado y por qué.

También puede ser él mismo quien mueva los objetos de sitio y te rete a que los encuentres. Esta parte de la actividad es muy gratificante, ya que las riendas del juego las llevará él, lo que resulta novedoso y revelador.

HABILIDADES
- discriminación visual
- observación

039

Recuerdos del alfabeto

Practica con él el reconocimiento del abecedario. Escribe las letras del abecedario en tarjetas de cartulina y mézclalas, por ejemplo, en un tarro. Después, saca una pequeña cantidad, alrededor de cinco, y deja que se familiarice con ellas. La segunda parte del juego consiste en conseguir que sea capaz de repetir las letras que ha sacado para construir palabras con ellas.

Es recomendable que incluyas mayúsculas y minúsculas; en caso de que se repita la letra, podrá coger otra del tarro. Estará fomentando su capacidad deductiva.

HABILIDADES
- discriminación visual
- reconocimiento del abecedario

041

Separando el correo

Al niño le encanta que le hagas partícipe de tus actividades, se siente mayor e integrado en tu mundo de adulto. Aprovecha su curiosidad por todo lo que haces para que participe contigo. Puede ser una experiencia muy gratificante para ambos.

Por ejemplo, podéis revisar juntos el correo. Explícale cuáles son los distintos tipos de cartas que recibes habitualmente: publicidad, bancos, cartas personales, notificaciones, paquetes... Ayúdale a reconocer los diferentes elementos de una carta: destinatario, remitente, sello y matasellos.

Podéis hacer un *collage* con los distintos tipos de remitentes, organizándolos geográficamente, por orden alfabético, por colores, por empresas... De este modo, reforzarás su habilidad organizativa y su imaginación a la hora de buscar criterios de clasificación.

Por último, llevad al contenedor de reciclaje de papel y cartón todo lo que no necesitéis. Es muy importante educar a los niños en valores relacionados con el cuidado del planeta.

HABILIDADES
- pensamiento imaginativo
- reconocimiento visual de palabras
- organización

040

Juguetes y letras

Con las letras del abecedario y los juguetes de tu hijo podrás preparar un divertido juego con el que conseguirá identificar la inicial de sus juguetes favoritos. Anímale a que recorte las letras del abecedario en una cartulina; también puede, sencillamente, dibujarlas en papeles sueltos. Después, dispón en el suelo o en una mesa grande varios juguetes que él mismo elija. Pídele que nombre los juguetes y la letra por la que empiezan, para, a continuación, colocar la letra recortada o dibujada al lado, de modo que, al final del juego, tenga un nuevo sistema de organización y clasificación de juguetes por orden alfabético. Esto ayudará al niño a fomentar su capacidad organizativa.

HABILIDADES
- reconocimiento del abecedario
- organización conceptual

042

Seguir las indicaciones

A todos los padres nos gusta que, al dar una orden, nuestros hijos la ejecuten al instante. Sin embargo, esto no siempre se cumple. Una forma divertida de potenciar en ellos la disciplina y la memoria es crear un juego con varios niños y darles varias órdenes seguidas. Por ejemplo: «Id a la cocina, coged el papel de la encimera, llevadlo al salón y arrugadlo para meterlo en la papelera». Esta especie de yincana elemental es una forma realmente divertida de que el niño comience a recordar varias indicaciones y las lleve a cabo en el orden en que se las han dicho.

HABILIDADES

- pensamiento crítico
- memoria

043

Pequeñas tareas

A medida que el niño va creciendo, es importante que vaya asumiendo pequeñas responsabilidades que potencien su necesidad de independencia y su implicación con el resto de la familia. Se trata de hacer tareas sumamente sencillas y gratificantes, que reportarán al pequeño un sentimiento de madurez y de participación en el mundo de los adultos.

Lo ideal es empezar por tareas que sean divertidas para ellos, como dar de comer al pez, sacar al perro o ayudar a poner la mesa. Si ya va al colegio, podéis hacer un panel como el de su clase, en el que cada alumno tiene una tarea asignada.

Asumir responsabilidades y tener una actitud abierta a ello es sumamente importante en su desarrollo.

HABILIDADES

- reconocimiento visual de palabras
- discriminación visual

044

Ayudar en casa

Lo más importante en la asunción de obligaciones en esta etapa es que la realización de las tareas proporcione satisfacción al pequeño, nunca temor o una carga excesiva que le abrume y le reporte frustración. Ten en cuenta que asumir responsabilidades es algo sumamente importante en su desarrollo, y que esto le ayudará a sentirse útil, importante e integrado en la familia. Sin embargo, tanto la falta de compromisos como el exceso de los mismos podría tener consecuencias negativas en el desarrollo de su personalidad. Por ello, es mejor los que vaya asumiendo poco a poco, y que éstos resulten gratificantes y divertidas. Para ello, es importante que la tarea que le asignes sea entretenida, y también que entienda que se trata de un trabajo a su medida. Es decir, que no es demasiado complejo para él.
Lo ideal sería que confeccionaras un cuadro de tareas con él. Dibuja el calendario de una semana o de un mes, y rellena los días en los que el pequeño deberá realizar las que le corresponden.

HABILIDADES
- reconocimiento visual de palabras
- discriminación visual
- pensamiento crítico
- desarrollo cognitivo

045

¡Un puzle!

Una forma de ayudarle a identificar su nombre es crear un puzle con las letras que lo componen. De esta manera, podrá jugar a completar la silueta de las letras hasta encajar todas las piezas y formar su nombre completo. Con este juego estimulas su memoria visual y su capacidad de asociación de imágenes.
Pídele que escriba su nombre en una cartulina y dibujad sobre él las líneas de lo que serán las piezas del puzle. Podéis colorear la cartulina, aunque es mejor evitar que vaya ilustrada con otros dibujos, a fin de ayudar al niño a que concentre su atención en las letras y no se disperse contemplando otras imágenes. Una vez recortado, puede componer el puzle hasta completar su nombre. Después, pídele que lo escriba en un papel. Repite la operación sucesivamente, hasta que adquiera mayor destreza.

HABILIDADES
- reconocimiento visual de palabras
- discriminación visual
- memoria visual

047

+5

Buscando palabras

Jugar a asociar palabra con juguete es muy fácil para el niño, puesto que manipula estos objetos diariamente y está muy familiarizado con ellos. Llevar este juego a un libro de cuentos es dar un paso más. Pídele que localice en las ilustraciones elementos que empiecen por una letra; puedes seguir el orden alfabético para potenciar su memoria. Y también agrupar los elementos por un criterio de asociación: medios de transporte, utensilios de cocina, personajes...

HABILIDADES

- discriminación visual
- reconocimiento visual de palabras
- reconocimiento del abecedario

046

+3

¡A dormir!

Muchas veces nuestros hijos se resisten a irse a la cama. Quieren prolongar el día lo máximo posible. Una buena forma de organizar este momento es crear una disciplina y una rutina diarias. En una cartulina, podéis dibujar las tareas previas a ir a dormir. Por ejemplo, bañarse, cenar, lavarse los dientes, leer un cuento. Deja que el pequeño haga los dibujos y escribid uno de los dos, debajo, en qué consiste la tarea. Así, cuando llegue la hora, sabrá qué pasos seguir. Es importante anticiparse a los acontecimientos, esto creará en él seguridad.

HABILIDADES

- pensamiento imaginativo
- adquisición del lenguaje
- dibujo
- organización

048

Adivinanzas

Las adivinanzas son muy divertidas y estimulantes para los niños, y pueden tener diferentes grados de complejidad, adecuándose a su edad y desarrollo. La más sencilla es la que asocia la respuesta con la utilidad que tiene ese objeto, definiendo, por ejemplo, un coche para que el pequeño deduzca este objeto a través de su descripción. Más avanzadas son las adivinanzas que como única pista dan su inicial. En ambas opciones puedes combinar juego con dibujo, pidiendo al niño que dibuje la respuesta correcta.

HABILIDADES
- pensamiento imaginativo
- pensamiento crítico

049

Parejas de rimas

Para memorizar palabras, e incluso textos, son muy útiles las rimas. Es una forma musical y divertida de enriquecer su vocabulario.
Recorta pequeños trozos de cartulina de un color y escribe en ellos una serie de palabras. En un mismo número de cartulinas de otro color, escribe palabras que rimen con las anteriores. Por ejemplo, en cartulinas blancas escribe luna, caramelo y melón; y en cartulinas amarillas escribe cuna, pomelo y jamón. Uno de los dos leerá una cartulina, mientras que el otro deberá responder con la rima correspondiente. Sugerimos las siguientes rimas:

manzana - anciana
arcilla - ardilla
pulsera - aventurera
colchón - león
botas - notas
camisa - brisa
zapato - garabato
coche - broche
estaño - baño
algodones - arpones

HABILIDADES
- nivel fónico
- discriminación auditiva
- discriminación visual

050

Delante y detrás

Cuando haya adquirido cierta seguridad en el manejo del vocabulario, prueba a jugar con él para afianzar su dominio del mismo. Si tienes cubos de letras, es un buen juego lanzar el cubo y, según qué salga, que él coloque delante o detrás la letra anterior o siguiente del abecedario. También podéis hacer torres de letras en orden ascendente o descendente. Si es demasiado pequeño, prepara el juego únicamente con las vocales.
Con esta actividad, los niños refuerzan el reconocimiento de las letras y la noción de su lugar en el abecedario. Es una actividad muy gratificante, pues también refuerza la capacidad de memorización del niño.

HABILIDADES
- reconocimiento del abecedario
- pensamiento crítico
- memorización

IDEA

Ordena palabras alfabéticamente y ponles música. De esta forma, memorizará más fácilmente el orden del abecedario.

051

La historia de los padres

A tu niño le gusta que le cuentes cuentos, aunque lo que realmente le fascina es que le hables de su entorno: sus hermanos, sus tíos y abuelos o sus primos. En este sentido, es sorprendente la atención que prestan cuando le hablamos de nosotros, los padres. Prueba a contarle vuestra historia, cómo os conocisteis, qué edad teníais, dónde vivíais... Explícale, de una forma sencilla, por qué quisisteis que él naciera y los preparativos que organizasteis para su llegada. Te sorprenderá comprobar cómo retiene esa información, tan valiosa para él.

HABILIDADES
- comprensión y memoria
- adquisición del lenguaje
- pensamiento imaginativo

052

Búsqueda de letras

Ayudarle en la comprensión, adquisición y desarrollo del lenguaje es una experiencia apasionante, porque coprotagonizas, junto con él, uno de sus grandes descubrimientos: la comunicación que ultrapasa el lenguaje verbal.
Ayúdale a identificar letras en un periódico, una revista o un libro. Puedes crear un pequeño marco donde encajar los párrafos para que él pueda buscar más fácilmente, por ejemplo, la A, la P o la S dentro de un texto. Comienza por las mayúsculas, pues probablemente sean más sencillas de identificar para él, y continúa con las minúsculas.

HABILIDADES
- reconocimiento del abecedario

053

Clasificar y dibujar letras

Esta actividad se desarrolla en dos fases. Por un lado, pide al pequeño que recorte letras de una hoja de periódico o revistas. Comenta con él lo diferente que puede llegar a ser una letra según la forma que se le dé, aunque en definitiva siga siendo la misma letra. Después, pega los recortes de letras en una cartulina, dejando espacio para que dibuje cada una. Anímale a que emplee su imaginación buscando elementos de cada palabra que pueda convertir en un dibujo. Por ejemplo, el punto de la I puede ser un sol, la O un ojo, la V un barco, la M dos montañas, la T el mástil de una vela, y así, sucesivamente.

HABILIDADES
- reconocimiento del abecedario
- discriminación visual

054

Protagonista

Un paso más en la narración de cuentos es que relate de forma ordenada y coherente un acontecimiento real, por ejemplo, algo que haya hecho hace poco, como unas vacaciones, una excursión o una tarde en el cine. Él puede ser el periodista que transmite la noticia.

Podéis crear una «pantalla de televisión» con un cartón grande, a través de la cual vaya narrando la historia del acontecimiento que haya escogido. Si es tímido y esta actividad le resulta poco atractiva, comienza por ayudarle para que le parezca más fácil. Por ejemplo, deja que participe activamente en la creación de la pantalla de televisión, en la elaboración de la noticia, etcétera. Después, comienza tú mismo por contar la información.

A veces los niños pequeños sienten vergüenza ante acontecimientos en los que ellos son los protagonistas. Si ves que no manifiesta gran interés por este papel, desarrollad la actividad en grupo, de modo que sean varios los periodistas que narren la información. De esta forma, probablemente se sentirá mucho más cómodo y motivado, e incluso deseará ser el protagonista del juego.

IDEA

Graba en vídeo su representación y reprodúcelo en la televisión. Le encantará verse.

HABILIDADES

- pensamiento imaginativo
- adquisición del lenguaje
- manualidad

055

Contar las letras

En esta actividad se combinan la destreza matemática y la de la escritura. Si aún no ha desarrollado suficientemente la caligrafía, podéis recortar varias letras y formar palabras más o menos largas. Así, podrá componer palabras de cuatro letras, como «casa», y otras más complejas, como «aventura». Esta actividad es muy gráfica, pues el niño podrá advertir la diferente extensión de las palabras, que hay unas más cortas y otras más largas. Esto le ayudará a tener un mayor conocimiento global del léxico. Si se maneja con soltura escribiendo, podéis hacer el mismo juego con un lápiz y un papel.

HABILIDADES
- reconocimiento visual de palabras
- ordenar y clasificar
- grafos

IDEA

Contad cuántas letras tienen los nombres de la familia. ¿Quién tiene el nombre más largo?, ¿y el más corto?

056

Crea tus cómics

A los niños les gustan mucho los cómics. En ellos visualizan a sus personajes preferidos en acción, hablando y protagonizando grandes aventuras. Es muy acertado que incentives la lectura de cómics. Incluso será una actividad muy agradable crear con él vuestro propio cómic. Para ello, pensad primero en la historia. Después, dibujad los rectángulos de las viñetas en las que se distribuirá la aventura. Ahora sólo tenéis que dibujar en cada viñeta lo que sucede y escribir el texto que corresponde a cada personaje.
En esta actividad confluyen varios aprendizajes: la imaginación para inventar una historia; la organización narrativa para distribuir las secuencias, el dibujo y la escritura.

HABILIDADES
- reconocimiento visual de palabras
- discriminación visual
- pensamiento imaginativo
- dibujo y pintura

057

¿Cuál es cuál?

La diferenciación entre letra y palabra es muy importante en la comprensión lectora y en la autonomía que el pequeño necesita para entender lo que lee.

Una actividad perfecta para reforzar este aprendizaje tan necesario puede ser la que proponemos a continuación. Divide una cartulina grande en tres apartados: letras, palabras y dibujos. Después, recorta varias letras de periódicos y revistas, así como diferentes palabras, que sean grandes y legibles, de fácil comprensión y de significado familiar para el pequeño. Por último, pídele que dibuje la representación de esa palabra.

La actividad consiste en pegar en el apartado «Letras» todas las que componen la palabra elegida. Después, en el siguiente apartado, se hará lo mismo con la palabra correspondiente. Por último, se adjuntará el dibujo que represente esa palabra en su lugar.

Con este juego, el niño podrá advertir claramente la relación que existe entre letras, palabras y su significado.

HABILIDADES

- reconocimiento del abecedario
- reconocimiento visual de palabras
- discriminación visual

058

Diarios

Es importante reforzar el hábito cotidiano de lectura y escritura a la edad de siete años. Una buena forma de hacerlo es animarle a escribir un diario. Se tratará de un diario sencillo y visual, que sea divertido. Puede crearlo él desde el principio, recortando unas hojas, grapándolas y poniéndoles unas tapas, o puedes facilitarle un cuaderno. En él pondrá la fecha cada día, reforzando así su conocimiento de las semanas, los meses y los años. No se trata de un diario donde tenga que escribir extensamente, sino de una motivación para reforzar su actividad lectora y escritora. Puede pegar la entrada del cine si ha ido ese día, o escribir simplemente una frase que resuma el argumento de la película que ha visto. También puede dibujar algo que le haya llamado la atención ese día.

HABILIDADES

- dibujo
- reconocimiento visual de palabras
- series

059

Diccionario de rimas

Las rimas resultan muy divertidas a los niños, una forma musical y sencilla de ampliar su vocabulario. Proponemos una actividad escrita basada en el aprendizaje de nuevas palabras inducido por las rimas. Escribe las siguientes frases en tiras de cartulina: «**Ana** está en la **ventana».** «En el **salón** vemos la **televisión».** «Canto una **canción** en la **habitación».** «La **cafetera** está en la **encimera».** Recorta el segundo sustantivo de cada frase y pide al pequeño que los coloque en la frase correcta. Comprobarás cómo –tanto por el sentido de la frase como por la musicalidad de las rimas– concluye la actividad correctamente.

HABILIDADES
- nivel fónico
- discriminación auditiva
- reconocimiento visual de palabras

060

Érase una vez

Contar cuentos es la mejor manera de estimular la imaginación de un niño. Para despertar la curiosidad por contar cuentos podéis inventar personajes y elaborar con ellos una historia.
Con unos guantes de goma puedes construir diez personajes. Es muy sencillo. Corta los dedos y dibuja en cada uno ojos, cara, nariz y pelo, así como algo que los caracterice: un casco rojo para el bombero; una cofia con un corazón para un enfermero; un gorro de cocina para la cocinera; un sombrero para el abuelo, un parche en un ojo para el pirata... Después, juega con el niño a establecer relaciones entre ellos. Por inconexos que puedan ser los personajes que hayáis dibujado, siempre habrá una posible conexión.
Probablemente tengas que ser tú mismo el que comience el relato, pero inmediatamente comprobarás cómo el niño comprende la dinámica y toma las riendas de la historia. Tal vez le resulte tan divertido como para convertir su relato en algo disparatado y sin sentido. Si esto ocurre, procura retomar las riendas de la actividad. En el fondo, la finalidad de este juego es que el niño aprenda a establecer una organización lógica del planteamiento, nudo y desenlace de una historia.

HABILIDADES
- pensamiento imaginativo
- elaboración de un mensaje

061

Carta al autor

Pregunta al pequeño cuál es el libro que más le ha gustado y pídele que te explique sus razones. Ayúdale a crear un pensamiento crítico y constructivo. Cuando tengas esta información, anímale a que escriba una carta al autor, en la que puede exponer los motivos por los que ese libro le ha gustado tanto. Como todavía es pequeño para redactar, puedes dictarte lo que quiere decirle. La finalidad de esta actividad es que el niño aprenda a organizar las ideas de una forma coherente. Meter la carta en un sobre, ponerle un sello y echarla al buzón será un aliciente para él al una vez terminada la actividad.

HABILIDADES

- reconocimiento visual de palabras
- pensamiento crítico
- organización de las ideas

062

Escritura jeroglífica

Un jeroglífico es un símbolo asociado a un concepto. En este sentido, es de utilidad para el niño, debido a su alto contenido gráfico. Escribe una frase en la que falte una palabra, para que él la dibuje, por ejemplo, «el gato está en la rama del...», donde él deberá dibujar un árbol. Si esta actividad es demasiado sencilla para él, anímale a que cree sus propios símbolos. ¿Con qué símbolo representaría el invierno, el transporte o la hora de la comida? De este modo estarás potenciando su capacidad de síntesis y su creatividad.

IDEA

Si el niño dibuja un símbolo para el baño, la cocina o el dormitorio, puedes ponerlos en la puerta.

HABILIDADES

- discriminación visual
- pensamiento crítico
- capacidad de síntesis

063

Estrategias de lectura

En ocasiones sería bueno que ayudaras al niño a que comprendiera mejor y más fácilmente los textos que lee. Para ello, observa el nivel de comprensión lectora que ha alcanzado y adapta los textos para que pueda disfrutar de ellos. Así reforzará su interés por la lectura.

Además, puedes poner en práctica algunas técnicas sencillas. Por ejemplo, subrayar los nombres de los personajes o rodear con un rotulador de otro color los nombres de los lugares. De esta forma reconocerá más fácilmente los elementos importantes mientras asimila el texto, y abordará con una actitud más receptiva esta actividad.

No temas escribir sobre las páginas del libro si ello le ayuda en el aprendizaje de la lectura. Por ejemplo, puedes escribir en las ilustraciones el nombre de personajes o elementos que consideres importantes, bien por enriquecer su vocabulario bien porque son datos importantes para la comprensión de la historia.

Cuando hayáis leído varias páginas y queráis hacer una pausa, lo mejor será recapitular. Hazle preguntas sobre la historia, para que pueda reinterpretar la información.

HABILIDADES

- pensamiento imaginativo

064

Las herramientas

Si tienes una caja de herramientas, no desaproveches la oportunidad de explicarle al pequeño qué contiene. Muéstrale la utilidad de cada una de ellas y enséñale su nombre. A continuación, pídele que haga un dibujo de cualquiera de elllos y que escriba su nombre al lado. Puede recortar el dibujo y hacer él mismo sus propias herramientas.

Cuando vayas a utilizarlas, acuérdate de hacerle partícipe. Pídele las herramientas que vayas a necesitar, es una buena forma de potenciar su memoria. Además, recuerda que para él es un privilegio participar en tus actividades.

Si algún día tienes previsto ir a una ferretería a comprar herramientas o material para hacer alguna reparación en casa, aprovecha la ocasión para que el niño te acompañe. La ferretería está llena de herramientas y utensilios muy variados que despertarán su curiosidad. Recorre con él los pasillos y explícale cómo están organizados, la zona de jardinería, la zona de grifería, de parqués, de electricidad, etcétera.

HABILIDADES

- reconocimiento del abecedario
- reconocimiento visual de palabras
- discriminación visual

065

Componer frases

Un paso más allá en la comprensión lectora es la composición de frases escritas con sentido. Es una actividad que puede resultar compleja si no se realiza de forma divertida. Para ello, proponemos una sencilla pauta que le ayudará a visualizar la composición conceptual de las frases. Escribe tres veces una frase con letras sueltas y grandes. Recorta las letras de una de ellas y las palabras de otra. Después, como en un puzle, pídele que componga las palabras con las letras. El último paso ahora resultará más sencillo: ha de componer la frase con ayuda de las palabras recortadas.

HABILIDADES
- dibujo
- reconocimiento visual de palabras
- series

066

¡Di una letra!

Tu pequeño ya conoce su cuerpo: manos, pies, brazos, ojos, nariz y boca son partes reconocibles y familiares para él. Pero, ¿sabe escribirlas? Practica un ejercicio divertido con él. Situados uno frente al otro, ve nombrando diferentes partes del cuerpo para que él las vaya señalando. Según la habilidad que tenga, hazlo con mayor o menor rapidez.

Con niños más mayores a la misma actividad se le puede incorporar la escritura. Pide al niño que escriba la palabra de una parte de su cuerpo, frente, por ejemplo, y dile que la ponga en el lugar correspondiente. Si aún no tiene suficiente destreza en la escritura, escribe tú los nombres. Lo importante es que asocie el significado, la palabra, con el significante, la parte del cuerpo.

HABILIDADES
- nivel fónico
- discriminación auditiva
- reconocimiento visual de palabras

067

+6

Varios significados

Pídele que escriba las siguientes palabras: pluma, gato, sierra, banco y mono. Después, pídele que dibuje una pluma de escribir y una pluma de ave; un gato animal y un gato herramienta; una sierra montaña y una sierra herramienta; un banco entidad y un banco asiento; y, por último, un mono de obra y un mono animal. Luego, dile que asocie las palabras a sus dibujos. Comprobará que una misma palabra puede significar cosas muy distintas.

HABILIDADES
- dibujo
- reconocimiento de palabras

IDEA

Pon en la nevera varias palabras polisémicas y pídele que dibuje lo que representan.

068

+5

¡Hora de la compra!

Dibuja en una cartulina un plano de cómo es un supermercado, con el recorrido por los diferentes pasillos y los distintos productos que se pueden encontrar en cada uno de ellos. Organizad juntos la distribución de las secciones. Puedes reproducir el supermercado al que vais habitualmente o inventar una nueva distribución. Cuando ya esté listo el plano, organizad los productos. Pregúntale qué se vende en las secciones de productos frescos, limpieza y hogar, congelados...
También podéis desarrollar esta actividad teniendo en cuenta las tiendas del barrio. Después de dibujar el plano, situad la mercería, la zapatería, la panadería, etcétera.
Ambas actividades ayudarán al pequeño a potenciar la organización y el sentido de la orientación.

HABILIDADES
- orientación espacial
- organización

069

Cambiar el cuento

Deja que sea el niño el que modifique el final de los cuentos que soléis leer. Simplemente puede invertir el final, o inventar uno totalmente nuevo. Es una forma de descubrir que todo se puede cambiar, que en el mundo imaginario no hay reglas establecidas. Es más, la constatación de que son historias inventadas la obtendrá cuando compruebe que él mismo es capaz de modificar un cuento que ya conoce.

Anímale a que altere el desenlace de la historia de *Caperucita Roja*, de *Hansel y Gretel* o de *Cenicienta*. Pregúntale qué personaje le gustaría ser y anímale a que relate el cuento desde ese punto de vista.

Una variación muy entretenida y sorprendente de esta actividad consiste en mezclar personajes de diferentes cuentos en una misma historia. Así, Cenicienta y Caperucita Roja son dos hermanas que van a visitar a Hansel y Gretel a la isla donde vive Peter Pan, y se encuentran con Pulgarcito.

Te sorprenderá, una vez que haya captado la dinámica del juego, la habilidad que tiene para reinventar historias partiendo de las ya conocidas.

HABILIDADES
- capacidad narrativa
- capacidad de relación
- discernimiento

070

La letra de la semana

La letra en sí, su sonido y las palabras configuran la base para adquirir destrezas en la lectura de modo distendido y ameno.

Un juego divertido puede ser el de escoger la letra de la semana, que puede ser la inicial del nombre del pequeño, para después ir enumerando todas las palabras que se os ocurran con esa inicial. Jugad con su sonido, su escritura en mayúscula y en minúscula, y las palabras que empiecen por la misma letra e incluso la misma sílaba.

Cuando el niño tenga habilidad en esta actividad, podréis comenzar a formar frases con las palabras. Por ejemplo, con la S: «Su sonido sisea como una serpiente».

HABILIDADES
- reconocimiento visual de palabras
- relación de conceptos

071

Adivinanzas con rimas

Aprender a rimar es complicado para los más pequeños. Puedes reforzar esta destreza con un juego de rimas. Los niños creen a menudo que forman rima las palabras que empiezan por el mismo sonido. Con la práctica descubrirán que son los sonidos finales los que la forman. Un buen comienzo para practicar esta actividad es preparar adivinanzas con rimas.

Dibuja en cartulinas figuras de palabras que rimen: noche-coche, avión-camión, manzana-caravana, balón-melón... El juego consiste en decir una frase y que el pequeño adivine cómo termina, guiándose por la rima. Por ejemplo: «Voy de noche en...»; «por el cielo va el avión y por la carretera...» o «en la caravana me como la...».

HABILIDADES

- nivel fónico
- discriminación auditiva

072

La hora de la biblioteca

La experiencia de la lectura no debería circunscribirse únicamente al espacio de la escuela o del hogar. Es mejor que dejes que él participe de la lectura en grupo, con amigos u otros miembros de la familia, y que ésta también se reproduzca en diferentes ámbitos.

Un lugar que al pequeño le puede resultar fascinante es la biblioteca del barrio. El mero hecho de visitar un lugar del que puede obtener los libros que quiera, con el añadido del préstamo, algo nuevo para él, ya es suficientemente enriquecedor.

Visitad la biblioteca del barrio juntos y hazle socio. Reserva un lugar especial de la casa para guardar los libros prestados y anotad en el calendario la fecha de devolución de éste. El proceso de escoger el libro, responsabilizarse de su cuidado y devolverlo a tiempo es casi tan importante como leerlo.

Mientras estéis en la biblioteca, curiosead por las estanterías. Descubrid qué libros hay en cada sección, mirad el índice informatizado o los ficheros y, lo que es más importante, coged algunos y hojeadlos.

HABILIDADES

- reconocimiento visual de palabras
- discriminación visual

073

La lista de la compra

Hemos destacado varias veces la importancia que tiene para el pequeño poder participar en tus actividades. En este sentido, puede ser una actividad interesante hacer juntos la lista de la compra.

Primero podéis repasar mentalmente las cosas que se necesitan, según la actividad con la que se relacionen: asearse, desayunar, comer, pasear, merendar, bañarse, cenar o ir a dormir. Después, podéis visualizar las cosas que faltan al abrir la nevera, el congelador, la despensa o el armario del baño.

Id anotando en todo momento las cosas que consideréis necesarias. Deja que enumere la mayoría. Hazle preguntas, pero orientándole hacia las respuestas, ya que está descubriendo elementos que desconocía hasta ahora. Por ejemplo, sabe que para bañarse utilizáis un gel y un champú, pero quizá no sepa que ambos se pueden acabar y hay que reponerlos. Id al baño y pregúntale si hay de todo lo que necesita para su aseo. Dirige la conversación hacia lo que realmente necesitéis comprar.

HABILIDADES
- reconocimiento del abecedario
- reconocimiento visual de palabras
- discriminación visual

074

Con los ojos cerrados

Esta actividad utiliza una técnica que conseguirá que el niño interiorice la escritura sin depender únicamente de un método visual. Para ello, proponle que escriba una letra en una hoja con cuadrícula. Puede guiarse por las líneas si le sirve de ayuda. Seguidamente, anímale a que cierre los ojos e imagine esa misma letra. Cuando la tenga visualizada, dile que la dibuje sin abrir los ojos.

Prueba a hacer este ejercicio tú también y anima a otros miembros de la familia. Os sorprenderá el resultado.

Esta actividad refuerza su capacidad de ver la letra mentalmente y de asociarla a la imagen visual.

Si observas que tiene suficiente destreza, intenta que escriba alguna palabra corta.

HABILIDADES
- reconocimiento del abecedario
- pensamiento imaginativo

075

+3

Para días lluviosos

Aprovecha un día de lluvia en que no tengas programada ninguna actividad para organizar un juego con el pequeño. Pídele que dibuje lo que se ve desde la ventana. El parque, la carretera, un edificio, el campo, la calle... ¿Cómo es en ese momento, con la lluvia? Pídele después que imagine la misma escena un día de sol, un día de viento y un día que nieve. ¿A qué estación corresponde cada escena? Ayúdale a que observe qué se mantiene igual y qué cambia.

HABILIDADES
- capacidad de observación
- dibujo
- análisis

076

+3

Letras y formas

Una forma divertida de aprender a escribir las letras es asociar su forma a objetos que le resulten fácilmente identificables. Por ejemplo, la A tiene forma de tejado; la M de montañas; la Ñ es una montaña con una nube; la U parece un balancín y la O un ojo.
Quizá la identificación más fácil sea la de la S, que se asemeja a una serpiente. Dibuja en un papel este animal y después pídele que dibuje una S en otro. Superpón ambos folios en una ventana, para que vea la similitud entre las dos figuras.

HABILIDADES
- discriminación visual
- reconocimiento de palabras

077 +5

Libro del abecedario

Puedes preparar con el niño un libro que recoja todas las letras del abecedario. Dobla ocho folios por la mitad. Cada página está destinada a una letra. Pídele que la dibuje y que escriba palabras que empiecen por ella. Si aún no tiene suficiente destreza escribiendo, puede dibujar objetos cuya palabra comience por esa letra.
De este modo, podrá consultarlo y también enriquecerlo con nuevas imágenes o palabras.

HABILIDADES
- nivel fónico
- discriminación auditiva
- reconocimiento visual de palabras

IDEA

Dibuja la portada con muchas letras o con el nombre de tu pequeño. ¡Será su diccionario!

078 +3

Libros troquelados

Al principio, el libro es un juguete para los más pequeños; poco a poco van descubriendo su contenido y las infinitas posibilidades que ofrece. Hasta que llega ese momento, resulta muy positivo que potencies su curiosidad por los libros, sencillamente como un objeto con el que pueda jugar y donde puedes ir mostrándole ilustraciones y letras.
Algo muy sencillo es hacer un libro troquelado, con formas divertidas. Confeccionarlo suscitará una gran curiosidad en el niño. Descubrirá, por un lado, que los libros se componen creando las páginas y uniéndolas. Por otro lado, se afianzará en él la idea de que el libro es un objeto cercano y divertido.
Con unas cartulinas gruesas o unos cartones nos bastará. Sólo necesitas recortarlos con la forma de una casita, por ejemplo, y unirlos por un lateral, bien con pegamento o cosidos con un poco de lana.
Cuando tengas las cartulinas preparadas, dibuja en cada hoja un elemento de la casa. En la primera página puedes dibujar la ventana y, debajo, escribir la palabra con la inicial muy grande. En la siguiente página puedes dibujar la puerta, y en otra, por ejemplo, un balcón. Si el niño tiene suficiente destreza para dibujar, anímale a que lo haga él mismo.
En la portada podéis dibujar la casita completa con su nombre.

HABILIDADES
- creatividad
- manualidad
- reconocimiento visual de elementos

079

Los contrarios

Entender el concepto de contrario es un proceso complejo para los niños. Una forma sencilla y divertida de ayudarlos en este proceso de aprendizaje es dibujar con ellos elementos contrarios para que los relacionen. Si compruebas que tienen cierta destreza en estos conceptos, puedes también dibujar un elemento y pedirles que dibujen el contrario.
Proponemos, a modo de ejemplo, varios contrarios para que los emparejen. Anímalos a que los dibujen en papel.

HABILIDADES
- escritura
- discriminación conceptual
- reconocimiento visual

contento - triste

pequeño - grande

080

Mapa del barrio

Un mapa sencillo es una herramienta útil para explicarle el lugar en el que vive. No es necesario incluir todos los edificios o lugares importantes. Por el contrario, es suficiente con trabajar conceptos generales como la dirección, la distancia y el reconocimiento de elementos del entorno. Haz primero el recorrido a pie o en coche, observando el gran árbol que hay delante de casa, la tienda de la esquina, la parada del autobús... Después, en una cuadrícula, plasmad esos elementos. Proponle que trace el recorrido hasta la casa de algún familiar.

HABILIDADES
- pensamiento crítico
- dibujo y mediciones
- cálculo aproximado

IDEA

Dibujad la ruta al colegio o a casa de los abuelos.

IDEA

Haz una maqueta también del lugar de veraneo o del barrio de un familiar.

081

+6

Maqueta del barrio

Cuando ya tengas dibujado el plano, o haciendo un plano nuevo, podéis poner en él elementos representativos para crear una maqueta de vuestro barrio. Esto ayudará muy positivamente a potenciar la orientación espacial del niño. Deja que sea él mismo quien coloque coches de juguete en las carreteras, arbolitos de plastilina en el parque, un letrero indicando un comercio, una cajita vacía que diga «colegio» o una casita que represente vuestro domicilio. La recreación de su entorno en un espacio reducido es muy enriquecedora.

HABILIDADES

- nivel fónico
- discriminación auditiva
- reconocimiento visual de palabras

082

+3

Melodías con el abecedario

Todos los niños aprenden el abecedario, tarde o temprano. Sin embargo, en ocasiones este aprendizaje parece ralentizarse, sobre todo en algunas secuencias de letras, como L, M, N, Ñ, O, P. Para ayudar al pequeño en este proceso, sería interesante ponerle música, por ejemplo, de una canción que os resulte familiar. Es un ejercicio muy divertido, que tiene resultados sorprendentes, ya que el niño olvida que está aprendiendo y practica sin esfuerzo.

IDEA

Grabad la canción con el abecedario. Será divertido escucharla de vez en cuando.

HABILIDADES

- nivel fónico
- discriminación auditiva
- reconocimiento visual de palabras

083

Mi primera agenda

Es conveniente que nuestros pequeños memoricen la dirección y el teléfono de casa. Es un dato importante que podría llegar a serles útil. Muchos lo saben antes incluso de aprender a leer o escribir. Una forma de estimularle para que adopte esa pauta es crear una agenda en la que escribir sus datos. En ella también puede incluir los teléfonos y direcciones de familiares y amigos. De este modo, comenzará a practicar el abecedario sin darse cuenta, tanto al organizar los datos como al buscarlos.

HABILIDADES
- organización de datos
- escritura
- reconocimiento visual de palabras

IDEA

Para practicar el abecedario, deja que busque abecedario en la agenda de tu móvil.

IDEA

Prueba a realizar esta actividad en inglés, con palabras sencillas que haya aprendido en el colegio.

084

Mímica

Los niños son muy expresivos; su rostro es un gran comunicador de emociones y sentimientos. Cuando juegan emplean todo su cuerpo, están desarrollando la psicomotricidad y la coordinación, además del sentido del equilibrio y del ritmo, todo ello de una forma divertida. Unir a esta actividad un ejercicio que los ayude en su desarrollo cognitivo es apasionante.

La mímica es un juego perfecto que reúne todas estas características. Anota en tarjetas varias profesiones o animales o títulos de cuentos. Si tiene la suficiente destreza, puede escribir él mismo las palabras, incluso agruparlas por conceptos.

El planteamiento de la actividad es en sí mismo un gran aprendizaje. Tendrá que decidir en grupo de qué va a tratar el juego y, una vez alcanzado el consenso, tendrá que pensar y organizar lo que se vaya a escribir en las tarjetas. Después anímale a que represente lo que indica una tarjeta, siendo los demás los que adivinen la respuesta. Invierte la actividad de vez en cuando, para permitir que sea él quien tenga que adivinar lo que se escenifica.

De esta manera estará aprendiendo a respetar las normas del juego, a ser el protagonista y también un espectador más.

HABILIDADES
- psicomotricidad y coordinación
- organización grupal
- reconocimiento visual de palabras

085

Veo, veo...

Un juego dinámico es un buen aliado para el aprendizaje; en realidad, no sólo de los niños, sino también de los adultos. Una buena estrategia para potenciar la memoria es el juego *Veo, veo*. Es muy sencillo de realizar, y podéis jugar en cualquier sitio: en casa, en el coche, en una sala de espera...

El primer jugador se asoma y nombra algo que ve, cualquier elemento fijo, para que lo pueda identificar el siguiente participante. Éste nombra ese objeto e incorpora otro que vea él, y así sucesivamente. Los niños de tres años pueden recordar unos cinco objetos al principio. Una dificultad añadida es nombrar los objetos sin verlos y recitarlos de memoria. Cuando la dinámica del juego esté afianzada, pueden incluirse variantes, como buscar elementos que empiecen por una letra determinada.

HABILIDADES

- reconocimiento del abecedario
- reconocimiento visual de palabras
- discriminación visual

086

Mensajes de amor

Cuando el pequeño esté empezando a leer, escríbele mensajes sencillos con letra clara y, en lo posible, caligráfica, para que le resulte fácil leerlas. Deja estos mensajes en casa, en espacios donde vaya a tener lugar esta actividad. Los mensajes pueden ser propuestas que le resulten atractivas, o recordatorios de lo que debe hacer cuando termine la tarea que esté desempeñando en un momento dado. Por ejemplo, una nota en el baño: «Después de lavarte los dientes, acuérdate de ponerte el pijama», o en la habitación: «Cuando te despiertes mañana, iremos de excursión». Puedes escribir las notas en inglés, si el pequeño ha comenzado ya a estudiar este idioma.

HABILIDADES

- discriminación visual
- reconocimiento visual de palabras

087

Noticias impresas

En el nivel más elemental de reconocimiento del abecedario y de la escritura, un niño mayor de cuatro años comprende que las letras tienen que ver con las palabras y con la lectura, y posiblemente pueda lanzarse a buscar en los periódicos y revistas letras que sean fáciles de leer, gracias a sus grandes titulares. Anímale a que recorte letras y componga palabras con ellas, dibujando a su lado lo que representan. También podéis buscar juntos una palabra en mayúsculas y luego componerla en minúsculas.

HABILIDADES
- dibujo
- discriminación visual
- reconocimiento visual de palabras

IDEA

Haced juntos un collage *de letras de diferentes periódicos y revistas.*

088

Palabras en inglés

El aprendizaje de un segundo idioma en el colegio se realiza a una edad cada vez más temprana. Desde los tres años, los niños comienzan a familiarizarse con sencillas palabras cuyo uso es muy habitual en su vida cotidiana. Casa, árbol, coche, papá, mamá, amor, niño... son fácilmente traducibles de un idioma a otro. Son palabras cortas, de gran significado tanto visual (en la realidad) como representativo (en dibujos). Seguramente el pequeño estará acostumbrado a trabajar con ellas, con lo cual, le resultará divertido y fácil escribirlas y pronunciarlas. Para esta actividad resulta de gran utilidad emplear letras imantadas en la puerta del frigorífico. Podéis componer con ellas sencillas palabras que él no tenga del todo asimiladas, para potenciar su aprendizaje.

HABILIDADES
- reconocimiento visual de palabras
- pensamiento imaginativo
- dibujo y pintura

090

Parejas en el supermercado

También puedes jugar a las parejas con las etiquetas de los productos del supermercado. En este juego, la variante es sustancial, pues no se trataría de asociar parejas idénticas, sino de la misma categoría. Por ejemplo: parejas de productos de limpieza, parejas de alimentos envasados, parejas de productos frescos... La división puede ser tan exhaustiva como quieras, aunque debería ir en función de las destrezas de asociación que haya desarrollado el pequeño.

HABILIDADES

- reconocimiento visual de palabras
- pensamiento imaginativo
- asociación

089

Parejas de cartas

Realizar juegos de parejas es, casi siempre, un desafío para los niños. Están aprendiendo nuevos códigos de asociación, y les resulta muy divertido. Podéis jugar a hacer parejas de cartas. Barájalas, muéstraselas y colócalas boca abajo. El objetivo es que sea capaz de recordar la posición de las cartas e identificarlas antes de enseñarlas. Después de levantar una carta y verla, el pequeño tendrá que buscar su pareja y recordar el orden en que fuiste colocándolas boca abajo. Conforme avanza el juego es más fácil hacer deducciones lógicas con respecto a la situación de las parejas.

HABILIDADES

- discriminación visual
- pensamiento crítico
- destreza manual

091

Cuentos con letras

Esta actividad consiste en inventar historias con personajes cuyo nombre empiece por una letra al azar, y ver cuántas palabras con la misma inicial es capaz de incorporar el niño a la historia. No es importante la coherencia de la narración, es decir, que ésta sea comprensible o amena; lo importante es que él incorpore el mayor número posible de palabras con la inicial escogida, y que amplíe de esta forma su vocabulario.

HABILIDADES

- reconocimiento visual de palabras
- pensamiento imaginativo
- adquisición del lenguaje

IDEA

Las marionetas son ideales en esta actividad.

092

Policías

Los niños son grandes observadores del entorno, del comportamiento de los demás y del ambiente que los rodea. Comprenden más rápidamente los mensajes que les llegan a través de la intuición que los verbales. Sin embargo, un gran paso en su proceso de pensamiento es que sean capaces de procesar verbalmente toda esa información. Un juego divertido para ponerlo en práctica es jugar a policías con varios miembros de la familia, o con amigos. El pequeño será el «policía» y, con los ojos tapados o de espaldas al resto, deberá adivinar el personaje misterioso a través de las descripciones que de él hacen los demás.

HABILIDADES

- pensamiento crítico
- adquisición del lenguaje
- memoria

093

¿Qué libro es?

El libro debe ser compartido por toda la familia, como cualquier otro juego, al principio de la experiencia lectora. Si quieres potenciar su interés por los libros, deja a su alcance los títulos infantiles que quieras que lea y ojeadlos juntos con frecuencia. Si el niño tiene hermanos pequeños, anímale a que les enseñe lo que está leyendo. Puede explicarles qué muestran las ilustraciones e inventarse un cuento con las imágenes que hay en él. Resultará muy estimulante para él empezar a adquirir el papel de «hermano mayor», y explicar cosas que habitualmente le explican sus padres. También es muy positivo incluir una rutina diaria de lectura, por ejemplo, antes de dormir.

HABILIDADES

- discriminación auditiva
- reconocimiento visual de palabras
- pensamiento imaginativo

094

Libros en el ordenador

La informática es en la actualidad una herramienta más de conocimiento y de ocio para nuestros niños. En el colegio y en casa utilizan frecuentemente las nuevas tecnologías. Los niños sienten una gran curiosidad cuando ven frente al ordenador a un adulto; seguramente a partir de los cuatro años ya han hecho sus primeras incursiones con el teclado, el ratón e incluso con alguna página de juegos.

Los pequeños tienen suma facilidad para captar los engranajes de la informática. Además, su aprendizaje, basado en gran medida en la imitación, los lleva a utilizar el móvil, el teléfono o cualquier otro aparato electrónico e imitar a los adultos.

Por esto resulta muy positivo aprovechar este interés para encauzarlo también hacia la lectura. Al principio, tal vez el niño utilice el ordenador para colorear imágenes en pantalla, ver algún vídeo o practicar algún juego. Muéstrale también que el ordenador es un soporte más para almacenar un libro, y que puede leerlo como si lo tuviera en papel entre las manos.

Puedes proponerle leer un libro del cual tengas la película en el ordenador, o algún juego relacionado con él, para enriquecer la lectura con una actividad posterior a propósito de la historia que acaba de leer. Ayúdale a escribir un correo electrónico a la editorial del libro que está leyendo, o al autor, comunicándole su opinión acerca de la historia.

HABILIDADES

- reconocimiento del abecedario
- reconocimiento visual de palabras
- discriminación visual

095

Reciclar

Concienciar a los niños sobre la importancia que tiene el cuidado del planeta es fundamental. En esta etapa de su aprendizaje, en la que escriben y dibujan incansablemente, enséñalos a utilizar papel usado. Por ejemplo, pueden dibujar en papel de regalo, recortar los dibujos de los envases, emplear los cartones de huevos para mezclar colores o escribir por detrás de tus folios. Es importante integrar esta actitud en la vida diaria de nuestros pequeños.

HABILIDADES

- reconocimiento del abecedario
- reconocimiento visual de palabras
- discriminación visual

096

Recuerdos de excursiones

Las actividades en familia son las más estimulantes para los niños. Si, además, éstas se desarrollan fuera de su entorno habitual, mucho mejor. Cuando hagáis un viaje, vayáis de excursión o simplemente deis un paseo, aprovechad esa experiencia para reunir billetes del medio de transporte que hayáis utilizado (autobús, tren, avión), la entrada del lugar que hayáis visitado, alguna fotografía, hojas del campo, servilletas de papel del restaurante donde hayáis comido... Con estos recuerdos podéis confeccionar un álbum. Pegadlos en las páginas y, debajo, pide al niño que escriba de qué lugar se trata, la fecha de la excursión y adónde fuisteis.

HABILIDADES

- escritura
- pensamiento creativo
- reconocimiento visual de palabras

097

Ordenar frases

Trasladar el lenguaje verbal al lenguaje escrito no es tarea fácil. Seguramente el niño sepa comunicar un mensaje verbal de forma clara, pero tal vez no ocurra lo mismo si ha de escribirlo. Para ayudarle, escoge un libro que tenga poco texto, más o menos una frase por página. Escribe cada palabra en una tarjeta y anímale a que las ordene del mismo modo que se disponen en el libro. Una vez tenga la destreza necesaria para llevar a cabo esta actividad, comprobad lo que ocurre si se altera el orden de las palabras: el resultado es divertido, pero el mensaje es ininteligible.

HABILIDADES
- reconocimiento del abecedario
- reconocimiento visual de palabras

IDEA

Haz tarjetas con palabras de modo que el pequeño pueda formar varias frases con ellas.

098

Formas y sonidos

Es posible que el niño tenga dificultad a la hora de pronunciar algunas palabras. Es importante que antes de comenzar a escribirlas sepa vocalizarlas. De lo contrario, estará escribiendo algo que le resultará ininteligible. Una forma de ayudarle con las palabras más costosas es enseñarle a pronunciar cada sílaba. Para ello, pídele que dibuje con una plantilla triángulos, círculos, cuadrados, elipses y rectángulos. Cada forma representa una vocal: triángulo A, elipse E, rectángulo I, círculo O, cuadrado U. Así, para pronunciar, por ejemplo, la palabra «libro», al tiempo que la pronuncia levantaría el rectángulo y el círculo.

HABILIDADES
- vocalización
- discriminación
- representación visual

IDEA

Si colorea cada forma del mismo color, identificará mejor los sonidos.

099

Palabras con pinzas

Siguiendo con el aprendizaje de la vocalización, otra actividad que puede ayudar al niño a pronunciar mejor es la siguiente: escribe cada sílaba de una palabra en una tarjeta, de modo que haya que unirlas para formar la palabra. Pídele que construya esa palabra colgando las tarjetas de una cuerda, sujetas con pinzas. Debe pronunciar cada sílaba al tiempo que cuelga su tarjeta correspondiente. De este modo, le estás enseñando a separar la palabra de una forma sonora, sin necesidad de que entienda que está compuesta por sílabas. Cuando haya aprendido las palabras, puede componer frases con ellas y colgarlas de la cuerda, para incorporarlas con la misma fluidez.

HABILIDADES
- nivel fónico
- discriminación auditiva
- reconocimiento visual de palabras

100

Crecer y aprender

Probablemente en muchas ocasiones el pequeño oirá de ti o de algún familiar esta frase: «Cuánto has crecido». Él sonreirá orgulloso, sabiendo que se trata de un mensaje positivo. Sin embargo, no es consciente de lo que conlleva en sí el acto de crecer.

Hay momentos cotidianos en los que se constata que el niño está creciendo: la ropa le queda pequeña; ya no necesita el alzador; los zapatos le quedan estrechos; ya llega a las estanterías... Si verbalizas estos momentos, él será más consciente de su crecimiento. Sin embargo, no lo asociará al paso del tiempo, pues éste es un concepto que aún no ha asimilado.

Una forma divertida y visual de ayudarle en este aprendizaje es crear una tabla periódica, o un calendario, con fotografías suyas desde que era un bebé. En cada una de ellas puede escribir su peso y su altura, además de alguna anécdota como «¡ya llego al lavabo!», «¡ya me visto solo!» o «¡ya voy al colegio!».

Esta gráfica cronológica le ayudará a desarrollar el sentido del tiempo. De este modo, además, tendrá un documento gráfico creado por él mismo sobre su propia vida y apreciará mejor cómo el tiempo cambia las cosas.

En esta etapa del pequeño en ocasiones te sorprenderá comprobar la memoria que tiene al recordar acontecimientos familiares pasados.

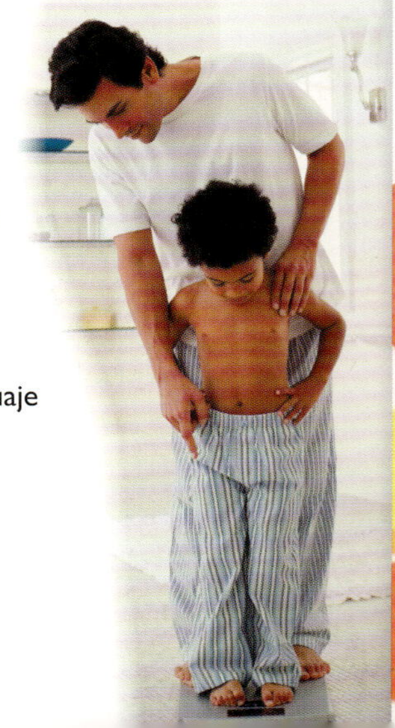

HABILIDADES
- adquisición del lenguaje
- pensamiento crítico
- series

101

Juguetes con sonido

El reconocimiento silábico de las palabras es un aprendizaje en el que probablemente el niño necesite de tu ayuda. Para ello, podéis hacer una selección de sus juguetes favoritos, teniendo en cuenta el objetivo de la actividad: asociar sonidos a objetos. Por ejemplo: ¿cuántos juguetes tiene con el sonido «co»? El niño aprenderá a asociar «coche», «columpio» y «cocinita» a este sonido. ¿Y con el sonido «pe»? Entonces aprenderá a asociar «peluche», «pelota» y «peluquería».
Cuando estés jugando con él, separa intencionadamente las sílabas de las palabras, para facilitarle su pronunciación y la memorización de los sonidos.

HABILIDADES
- reconocimiento visual de palabras
- pensamiento imaginativo
- asociación y series

102

Un paso adelante

Una actividad excelente para fortalecer el pensamiento lógico es comunicar verbalmente los pasos a seguir para realizar una acción. Por ejemplo, explícale cómo elaborar panecillos y qué orden lleva el proceso. Después, podéis hacerlos juntos, recordando los pasos. Por último, pregúntale cómo habéis hecho los panecillos y qué pasos habéis seguido. Es importante que los nombre en orden cronológico. Esta actividad podéis realizarla con cualquier acción. Pídele, por ejemplo, que te explique cómo se viste o cómo se lava los dientes.

HABILIDADES
- discriminación visual
- pensamiento crítico
- destreza manual

IDEA

Describe una acción para que el niño adivine de qué se trata. Por ejemplo, ducharse.

103

Vamos a comprar palabras

Para aprender la asociación fundamental de significante y significado, es importante que desde pequeño adquiera cierta habilidad a la hora de relacionar cada palabra con lo que representa. Si, además, esta actividad se desarrolla fuera del entorno doméstico, mucho más familar será mejor para él.

Proponemos que planifiquéis juntos una tarde de compras en la que podáis escribir las palabras de los productos que encontráis. Si pasáis por la frutería, anotad en la lista los productos que queréis comprar y buscad los nombres en los expositores. Si compráis leche, escribid la palabra «lácteos», para que pueda buscarla en el súper.

HABILIDADES

- reconocimiento visual de palabras
- pensamiento imaginativo

104

Busca la letra

Para que desde pequeño mejore su pronunciación de las palabras es importante que tenga correctamente localizadas las letras que la componen. Una forma de adquirir destreza en ello consiste en escribir una palabra en letras grandes y animarle a que localice las que le vayas preguntando. Por ejemplo, en la palabra LIBRO tendría que buscar la I, la R, o cualquier otra letra. Cuando pronuncie la palabra, pídele que haga hincapié en la vocalización de la letra escogida anteriormente. Cuando ya tenga fluidez en esta actividad, proponle que se tape los ojos y visualice la palabra, indicando en qué orden están las letras que previamente ha buscado en el papel.

HABILIDADES

- reconocimiento visual de palabras
- pensamiento imaginativo
- adquisición del lenguaje

105

Bolsa guardaletras

Para aprender las consonantes de una forma divertida y organizada, podemos ayudarnos de un zapatero de tela. Pon en cada hueco la letra o letras correspondientes, de modo que todo el abecedario se encuentre repartido en el zapatero. Después, escribe con la ayuda del pequeño diferentes tipos de palabras, cortas y largas, preferiblemente aquellas cuyo significado desconoce, pero que no sean demasiado complicadas para él. El juego consiste en guardar estas palabras en su apartado correspondiente. También podéis guardar pequeños objetos; por ejemplo, en la L, lápices; en la P, piezas o puzles; en la G, gomas de borrar; en la S, sacapuntas, etcétera.

HABILIDADES
- nivel fónico
- adquisición del lenguaje
- clasificación

IDEA

Este guardaletras también puede servir como organizador de juguetes. Pídele que guarde los juguetes pequeños en su letra correspondiente.

106

Buscando sonidos

Todo nuestro entorno está repleto de objetos a los que nombramos con palabras; éstas, a su vez, comienzan por una sílaba. Este planteamiento tan sencillo resulta revelador para los más pequeños. Puedes aprovechar una excursión o un paseo en familia para trasladar esta idea al niño. Observad el entorno para poder clasificar lo que veis en diferentes categorías: naturaleza, medios de transporte, tiendas, alimentación... Tras el reconocimiento, pídele que vaya nombrando elementos que empiecen por una determinada sílaba. Por ejemplo, si estáis dando un paseo por el campo, pídele que nombre las palabras relacionadas con la naturaleza que empiezan por «ar». Podría nombrar por ejemplo, árbol, ardilla, arbusto o arroyo.

HABILIDADES
- discriminación auditiva
- discriminación visual
- nivel fónico

IDEA

Pide al pequeño que fotografíe los elementos que vaya nombrando.

107

Recorta palabras

Los grupos consonánticos exigen un aprendizaje más exhaustivo. Cuesta más aprenderlos y pronunciarlos, Esta actividad puede ayudar al niño a afianzarse en su uso. Puedes ecribir primero en cartulinas las siguientes palabras: «brillo», «plaza» y «cromo». Después, separar el grupo consonántico. Por ejemplo, divide la palabra «brillo» en BR e ILLO; la palabra «plaza» en PL y AZA, o en CR y OMO la palabra «cromo». A continuación, pídele que con esas seis cartulinas forme palabras con sentido. Podrá formar las originales o crear otras nuevas, igualmente con significado, como «braza» o «plomo». Así podrás explicarle que las consonantes, en este caso agrupadas, pueden formar varias palabras distintas. Pídele que busque otras palabras que empiecen por esas mismas consonantes.

Cuando compruebes que el pequeño ha entendido la actividad y la desarrolla con soltura, proponle que escriba listas compuestas por palabras con grupos consonánticos. Si puede hacerlo asociándolas de alguna forma, estupendo.

IDEA

Haced un collage *con grupos consonánticos, con las palabras que se pueden formar con ellas alrededor.*

Por ejemplo, palabras relacionadas con la escuela: «libro», «pupitre», «profesor» o «recreo». Después, pídele que componga una frase con cada palabra. Resulta muy divertido unirlas todas en una sola frase, aunque es algo complejo. Procurad que la frase tenga sentido por sí misma, como, por ejemplo: «El profesor guardó el libro en el pupitre para salir al recreo».

HABILIDADES

- nivel fónico
- reconocimiento visual de palabras
- discriminación auditiva

108

De la A a la Z

Ordenar las palabras alfabéticamente es todo un desafío, una actividad que podrá completar cuando haya comenzado a leer, ya que es el momento en que, no sólo memorizará el abecedario, sino que encontrará sentido a este orden. Para empezar, pídele que se entrene con los nombres de la familia. Cuando veas que tiene suficiente soltura, anotad en una lista el abecedario completo y escribid una palabra que empiece por cada letra.

HABILIDADES
- reconocimiento del abecedario
- reconocimiento visual de palabras
- discriminación auditiva
- nivel fónico

109

Un barco cargado de...

Otra forma de ordenar alfabéticamente las palabras a través de un juego consiste en enumerar objetos e ir enlazándolos. De este modo, la actividad se vuelve más divertida, al tiempo que se refuerza la capacidad de abstracción de los más pequeños. Por ejemplo, puedes comenzar diciendo: «Viene un barco cargado de Almendras». A lo que él puede responder: «Viene un barco cargado de Berenjenas». Y el siguiente jugador añadirá: «Viene un barco un cargado de Cerezas». Dependiendo de la habilidad de cada niño en esta actividad, podrás incluir dos variantes. La más sencilla puede incluir en una categoría aquello que trae el barco: alimentos, muebles, animales... Otra, más compleja, puede consistir en memorizar las mercancías; cada jugador deberá repetir las cosas que los otros nombraron anteriormente.

HABILIDADES
- nivel fónico
- discriminación auditiva
- reconocimiento visual de palabras

110

+6

Moverse dentro del libro

Familiarizarse desde bien temprano con la estructura de un libro es importante. Para ello, es necesario saber que la mayoría cuentan con un sumario al comienzo –donde aparecen los capítulos que tiene el libro– y un índice al final, bien de nombres –índice onomástico– bien de conceptos –índice analítico–. Para que lo comprenda mejor, escoge un libro que pueda resultarle interesante. Id al sumario o al índice y buscad un capítulo o palabra en la página que se indique. Así es como el niño aprenderá a moverse entre las páginas de un libro.

HABILIDADES
- pensamiento analítico
- pensamiento crítico

111

+4

Grupos de consonantes

Otra actividad para afianzar el aprendizaje de los grupos consonánticos es esta que proponemos a continuación. Hojea con el pequeño algunos periódicos y revistas, y busca alrededor de diez ilustraciones para las siguientes consonantes: BL, BR, CL, GR, LL. Por ejemplo:

BL: cable
BR: cobra
CL: clavo
GR: grano
LL: lluvia

Podéis componer un *collage* con las imágenes de estas palabras, dividiéndolas en sílabas y marcando del mismo color la consonante, para que sea más fácil de identificar. Anímale a que escriba la palabra debajo de cada imagen. Si observas que tiene suficiente destreza en esta actividad, propón palabras más complejas cuyo significado desconozca. De esta forma, enriquecerás su vocabulario.

HABILIDADES
- reconocimiento visual de palabras
- pensamiento imaginativo
- dibujo y pintura

112

El orden vocálico

Para reforzar el conocimiento de las vocales, puedes realizar con el pequeño esta sencilla y divertida actividad. Pinta con acuarelas un cartón de huevos y escribe en cada hueco una vocal. Después, díctale palabras que empiecen por vocal y, tras recortarlas, pídele que las guarde en su lugar correspondiente. Cuando haya adquirido la suficiente destreza en la organización de palabras por vocales, puedes proponerle palabras que empiecen por H. Explícale que es un sonido mudo seguido de una vocal. Puede archivar todas las palabras que empiecen por esta consonante muda en un apartado especial.

HABILIDADES
- pensamiento crítico
- destreza manual
- reconocimiento visual de vocales

IDEA

Proponle que haga una caja de vocales. Puede recortar palabras que empiecen por vocal y luego forrar la caja con ellas, rociada con laca para darle más consistencia.

113

Explorando historias

Una de las mejores formas de fomentar en los niños un pensamiento crítico y la capacidad de discernimiento es sin duda alguna a través de la lectura. La mente está afianzando estructuras lingüísticas, pero también aprende cómo se desarrolla una acción, cómo se configura en el tiempo y qué consecuencias tiene en los personajes y en la historia cada uno de los acontecimientos. Adaptando la lectura a la edad de cada niño, es importante que desde temprana edad se le formulen preguntas sobre lo que ha leído: quién es el protagonista, qué ocurre, cuál es el conflicto y cómo se resuelve.

HABILIDADES
- comprensión
- pensamiento crítico

114

Hablar con una vocal

El juego que proponemos a continuación es muy divertido. Cada personaje representará a una vocal, y hablará únicamente con esa vocal. Se podría plantear una frase como: «Voy al campo a ver a mis abuelos el próximo domingo». Quien represente una vocal, en este caso la E, debería decir: «Vey el quempe e ver e mes ebeles el préxeme demengue». Esta actividad, además de divertida, resulta excelente para diferenciar las vocales, pues los niños perciben perfectamente la diferencia cuando dicen una frase con la E o con la A.

HABILIDADES
- nivel fónico
- pensamiento imaginativo
- adquisición del lenguaje

115

Vocales en el coche

El conocimiento de las vocales, y su correcta pronunciación es fundamental en el aprendizaje de la lectura y la escritura. También es crucial que en esta etapa de su vida sea consciente de que lo que aprende no está sólo en el ámbito de la escuela o del hogar, sino en todas partes, y que es útil en cualquier momento. Para ello, por ejemplo, mientras vais en coche puedes proponerle que busque elementos o carteles que empiecen por una vocal. Así, verá andamios, árboles, esquinas, alumbrado, ornamentos o tiendas de ultramarinos, entre otras muchas cosas.

HABILIDADES
- nivel fónico
- discriminación auditiva
- reconocimiento visual de palabras

116 +4

¡Mira! ¡Sin vocales!

Jugar con la ausencia de vocales puede reforzar del uso de las mismas. Si recuerdas el juego del ahorcado, te proponemos una variante divertida y fácil. Escribe una palabra dejando el hueco para las vocales. Pide al pequeño que proponga vocales hasta completar la palabra. Por cada vocal que diga y no acierte se dibuja un palito de la horca, hasta que él acierte y gane o se complete la horca y pierda.
Cuando compruebes que ha desarrollado la habilidad suficiente en este juego, puedes aumentar su dificultad y quitar las consonantes. Hazlo de una en una, para que no sea demasiado complicado para él.

HABILIDADES
- capacidad deductiva
- discriminación auditiva
- reconocimiento visual de palabras

117 +5

Letras en la pizarra

Si el niño está empezando a aprender el abecedario, una buena idea será ofrecerle un lugar donde pueda escribirlo de forma que le resulte divertido. Por ejemplo, puede componer el abecedario con letras magnéticas en la puerta del frigorífico, y también puede escribirlo en una gran superficie como la pared, probablemente el lugar más atractivo para él. Puedes servirte de una pizarra. Son muy económicas y fáciles de encontrar. En ella podrá escribir, borrar y volver a escribir el abecedario en su orden correcto.
Para favorecer el trabajo en equipo, si en casa hay más gente podéis componer el abecedario entre todos. No olvides que ha de ser él quien protagonice la actividad, pero los demás podéis intervenir indicándole, por ejemplo, una palabra que empiece por la vocal o consonante que le toque escribir.

HABILIDADES
- reconocimiento del abecedario
- reconocimiento visual de palabras
- discriminación visual

118

Pared de palabras

Puede resultar muy divertido que el niño pinte en una pared las palabras que vaya aprendiendo. Para ello, basta con que cubras el espacio de la pared que vas a destinar a ello con papel de embalaje, por ejemplo. Así, puedes enseñarle una palabra nueva cada día, para que él aprenda a escribirla.

Empieza por palabras cortas y sencillas, con las que esté muy familiarizado. De esta forma, percibirá el aprendizaje de nuevas palabras como algo divertido, y las interiorizará sin apenas darse cuenta. Al final de la semana podéis leer todas las palabras que haya escrito. Intentad componer frases con ese vocabulario y, si es posible, reunid en la misma frase el mayor número de palabras podáis.

Si has podido comprobar que posee un buen aprendizaje de otros idiomas, procura desarrollar esta actividad en tantas lenguas como conozca. También puedes animarle a que dibuje lo que representa cada palabra, de modo que el resultado final sea un bonito mural.

HABILIDADES
- reconocimiento visual de palabras
- pensamiento imaginativo
- dibujo y pintura

119

Mural

Si el niño aún no ha comenzado el aprendizaje de la escritura, podéis hacer un mural relacionando imágenes y palabras. Por ejemplo, escribe la palabra «casa» y anímale a que al lado dibuje una casita. Puedes crear un paisaje escribiendo sólo las palabras que lo componen en el lugar donde el niño deberá dibujar los elementos. Así, irá completando una escena a través del reconocimiento de palabras y su asociación con el elemento que representan.

Puedes probar a escribirle mensajes con representaciones simbólicas, para que él escriba en palabras lo que le indicas. Por ejemplo, si dibujas una casita, un árbol, un sol bajo y unos niños con un balón, podrá interpretar ese mensaje y escribir: «Jugamos al balón cerca de casa por la tarde». También puedes escribir cada elemento del dibujo: balón, árbol, chimenea, tejado, ventana, puerta... y así sucesivamente.

Es importante la asociación entre significado y significante. Si realiza el esfuerzo de interpretar los símbolos, está desarrollando su capacidad de asociación, algo fundamental en el aprendizaje de la lecto-escritura.

HABILIDADES
- discriminación visual
- pensamiento crítico
- destreza manual

Actividades de matemáticas

Actividades de matemáticas

Las actividades matemáticas van más allá de las destrezas aritméticas de la suma y la resta, no se trata únicamente de un trabajo con números que sólo simbolizan cosas reales. Las matemáticas para niños pequeños deben ser concretas, no simbólicas. Ordenar y clasificar objetos es el primer paso hacia la observación de las similitudes y diferencias entre elementos, y hacia su clasificación según parámetros tales como el tamaño, el color o la forma. Usando objetos reales –garbanzos, palillos de dientes o botones–, el pequeño podrá construir los cimientos de los conceptos matemáticos que expresará más adelante con números. Servirse de los sentidos para resolver ecuaciones capacita al niño para representar objetos abstractos de un modo que puede controlar.

Aunque es importante reconocer los números escritos, el auténtico énfasis en las actividades matemáticas más básicas debe recaer en la utilización de materiales táctiles para explorar de una forma creativa la resolución de problemas. Esto, además, contribuirá a que su aprendizaje sea ameno.

120 Huellas dactilares

+4

Para practicar los números, una actividad muy divertida consiste en contar las líneas de las huellas dactilares. Para ello, lo mejor es que imprimáis vuestras huellas en un papel o cartulina. Simplemente, apretad los pulgares en un tampón de tinta e imprimid las huellas sobre un folio. Con la ayuda de una lupa, observad las líneas, los dibujos que crean, si son simétricos o no y en qué se parecen, por ejemplo, los pulgares a los meñiques. Explícale por qué tu huella dactilar es distinta a la suya.

HABILIDADES
- patrones
- pensamiento crítico

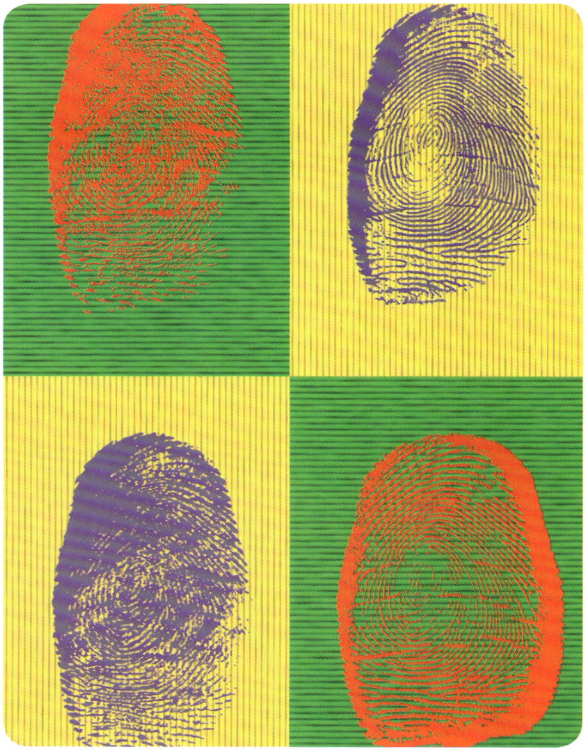

121 Empezar a contar

+3

Contar, o ser capaz de recitar los números secuencialmente, es muy diferente a comprender cómo se cuentan objetos. Esta última habilidad depende de la capacidad del niño para utilizar la correspondencia unívoca. La diferencia se observa fácilmente cuando el niño cuenta una hilera de objetos. Es muy común que recite correctamente los números, pero que omita objetos.

Convierte el hecho de contar en una actividad normal, que se hace con espontaneidad y en cualquier momento. Lo más lógico será comenzar con el cómputo de objetos cotidianos de su casa.

HABILIDADES
- correspondencia unívoca
- contar

122

Creciendo

Los niños crecen, y una forma de hacer patente este cambio con ellos es comparar su estatura con otros objetos. Puedes hacer un gráfico para observar cómo evoluciona; éste te permitirá comprobar los cambios de altura y peso según pasan los meses.

En los gráficos mensuales, los cambios son insignificantes, quizá haya crecido un centímetro. Esto no le sorprenderá; sin embargo, sí que reparará en que ahora llega a alturas antes inalcanzables para él, o que algunas prendas le quedan cortas.

También puedes emplear diferentes acontecimientos como referencia temporal para registrar esta información. Así, puedes anotar, además de los cumpleaños, vacaciones o reuniones familiares, datos más minuciosos que, a la larga, resultan más entrañables. Por ejemplo, el día que alcanzó el lavabo sin subirse a una banqueta; cuando pudo subir a la cama sin ayuda, o aquel en que llegó a los pedales de la bici grande. Estas pautas de crecimiento le ayudarán a asociar las medidas con momentos cruciales de su vida. Además, están asociadas al tiempo, con lo cual, se reforzará su aprendizaje de las estaciones, los meses, las semanas, los días,.. y la relación que existe entre ellos.

HABILIDADES
- mediciones
- pensamiento crítico
- establecer comparaciones
- coordinación ojo-mano

123

La hora de la colada

A edades tempranas resulta muy entretenido clasificar elementos. Además, ya sabes lo enriquecedor y estimulante que les resulta a los niños participar en tus tareas. Por eso, una buena actividad es proponerle que te ayude a clasificar la ropa de la colada. Pídele que recoja contigo las prendas del tendedero. Al tiempo que lo va haciendo, clasifica con él, por un lado, las prendas de vestir, y por otro, la ropa de baño y la de cocina. Una vez tenga organizado esto, pídele que sume los calcetines, las toallas o los paños de cocina. A los tres años todavía es pequeño para comenzar a hacer multiplicaciones y divisiones, pero le puedes hacer reflexionar sobre el hecho de que cada par de calcetines pertenece a una persona.

HABILIDADES
- cálculo aproximado
- resolución de problemas

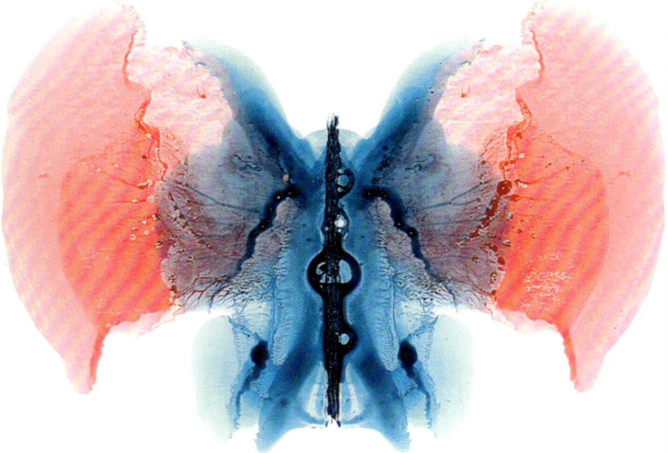

124

Simetría

Un buen modo de ir introduciendo poco a poco en su vida el significado de la palabra simetría pasa por dibujar diseños geométricos. Para ello, necesitarás témperas y cartulina. Dobla la cartulina por la mitad y luego ábrela. Pídele que vierta suavemente unas gotas de diferentes colores en el papel. Después, dóblalo con cuidado, presiona y ábrelo de nuevo. Verás cómo aparecen dos figuras simétricas.

Reflexiona con él sobre la imagen que ha resultado y explícale cómo la habéis conseguido. Después, busca en los lbros y muéstrale elementos simétricos: la hoja de un árbol, una mariposa, un candelabro...

HABILIDADES

- series
- dibujo y pintura

IDEA

Pídele que escriba su nombre en el dibujo. Enmarcado, será un bonito regalo.

125

A la caza de las figuras

Una actividad que ayuda a identificar las formas básicas es la caza de figuras. La cocina ofrece una riquísima variedad de siluetas, y es el lugar ideal para desarrollar este ejercicio, aunque cualquier otra estancia de la casa es igualmente válida.

El niño deberá buscar un objeto con forma de círculo, como por ejemplo la sartén; con forma de cilindro, como un vaso; o con forma cuadrada, como cajas de galletas. Se trata de que tome conciencia de la cantidad de formas que nos rodean.

Para sacar más partido a la actividad, dile que dibuje varias formas en un papel: un cuadrado, un círculo, un triángulo, un rectángulo... y que escriba al lado de cada una los objetos que encuentre con esa forma.

Es importante que aprenda a asociar formas geométricas con objetos cotidianos. Esto le ayudará a describir fácilmente objetos desconocidos para él. Si, por ejemplo, no conoce o no recuerda la palabra «prismáticos», puede decir que es un objeto formado por dos cilindros que sirve para ver cosas en la lejanía.

HABILIDADES

- formas geométricas
- contar
- observación

126

Formas básicas

El niño reforzará su conocimiento de las formas básicas con tu ayuda. Selecciona objetos que tengan la forma de alguna de las cuatro figuras básicas, mételos en una bolsa. y pídele que coja, con los ojos cerrados, un objeto e identifique su forma. ¿Es un círculo, un triángulo o un cuadrado? Al tiempo que explora estos objetos, anímale a que te describa cómo es cada uno: duro, blando, tiene vértices, cuántos... Es importante que esta actividad la realice con los ojos cerrados. Además de resultar más divertida para él, fomentará su capacidad deductiva y de análisis, pues deberá configurar una imagen en su mente a partir de la información que recibe mediante el tacto.

HABILIDADES
- formas geométricas
- pensamiento crítico

IDEA

Intenta adivinar la forma de los objetos a partir de las pistas que el pequeño te da.

127

Cuentos con formas

Si el pequeño recorta en una cartulina varios círculos, cuadrados, rectángulos, cilindros y rombos, podrá recrear el cuento que más le gusta formando un *collage*. Con esta actividad aprenderá a simplificar las formas de su entorno y, más aún, las formas que existen en su imaginación. De este modo, para representar, por ejemplo, *Alicia en el País de las Maravillas,* desarrollará la habilidad de asociar la forma rectángulo al tronco de un árbol y la forma círculo (u óvalo) a la copa; después, pondrá varios triángulos representando montañas, y así sucesivamente.

HABILIDADES
- formas geométricas
- pensamiento imaginativo
- coordinación ojo-mano

IDEA

Haz un retrato de la familia con formas geométricas.

128

+4

Busca el número

Tal vez el pequeño ya reconoce los números y sabe escribirlos. Pídele que, en una tarjeta grande, escriba los números del 1 al 9. Si aún no ha desarrollado esta capacidad, escríbelos tú mismo. Después, señala un grupo de objetos parecidos y pídele que cuente todos elementos para, a continuación, señalar en la cartulina el número que representa esa cantidad. Si se trata de un niño más avanzado, aumenta la dificultad preguntándole si es mayor o menor que otro número, en cuyo caso deberá marcar el símbolo que corresponda como respuesta. También puedes optar por una suma mental de pequeñas cantidades, de modo que él, al tiempo que visualiza la operación, la va señalando en la cartulina.

HABILIDADES
- correspondencia unívoca
- contar

129

+4

Brochetas geométricas

Un modo muy eficaz de trabajar con patrones y series consiste en cocinar con los niños. Puedes pedirle que te ayude a preparar brochetas. Para ello, indícale el patrón que vas a seguir, por ejemplo: pimiento rojo-champiñón-carne-pimiento verde, y así, sucesivamente. También podéis trabajar algunas formas geométricas: corta el pimiento en triángulos, la carne en cuadrados, el tomate en círculos... Así aprenderá qué es un patrón y reforzará su habilidad con las formas geométricas.

HABILIDADES
- series
- pensamiento imaginativo

130

Contar manos

Un recuerdo entrañable que constituye en sí mismo una actividad matemática divertida es componer una cenefa de manos. Sólo necesitas pintura de dedos, folios y cinta adhesiva. Deja que el niño se pinte la palma de la mano de un color y posteriormente la estampe en un folio. Pídele que repita esta acción un número determinado de veces, para que él mismo lleve la cuenta del número de manos estampadas. Cuando haya terminado, unid los folios con cinta adhesiva por la parte superior. El resultado es una original cenefa de manos. Para aplicar de un modo más intenso las matemáticas en este ejercicio, pregunta al pequeño por la cantidad de manos, dedos, manos derechas e izquierdas que hay, o cuántas manos están pintadas de un determinado color.

HABILIDADES

- reconocimiento numeral
- contar
- series

IDEA

Componed una cenefa con todas las manos de la familia y comparad los tamaños.

131

Diseña una serie

Una forma creativa de organizar series es la de buscar varios elementos con los que se quiera hacer una composición, como diferentes legumbres, abalorios, semillas o flores secas. Después, se trata de escoger el patrón e ir pegando los elementos en ese orden. Así, el pequeño puede componer un cuadro para la cocina repitiendo una serie, por ejemplo, de garbanzo-alubia-lenteja-arroz. Si desarrolla esta habilidad con éxito, anímale a que haga composiciones más complejas de paisajes u otros motivos, siguiendo una serie.

HABILIDADES

- series
- reconocimiento numérico
- reconocimiento del abecedario

132

Imprime con esponjas

Para realizar una actividad de pintura con colores y reforzar el aprendizaje de las figuras básicas, corta dos o tres tipos de triángulos diferentes, círculos, cuadrados y rectángulos en esponjas nuevas. Pinta cada esponja con el color que desees y ayuda al niño a estampar las esponjas con cuidado sobre una cartulina blanca.

Es importante que le expliques en qué consiste el proceso de la estampación. Para ello, enséñale a coger la esponja por los bordes con cuidado y a sumergirla en la pintura. Lo importante es estamparla una sola vez, sin frotarla ni moverla, para que el contorno de la figura quede claro. La primera estampación siempre contiene mucha pintura; anímale a continuar con el juego, pero sin volver a llenar la esponja de pintura. Así podrás crear texturas muy interesantes.

Cuando hayáis terminado la estampación, observad el resultado. Pregúntale cuántos triángulos hay, cuántos rectángulos o cuadrados, y cuántas formas de otro tipo. Para potenciar su capacidad imaginativa, pregúntale además qué le sugiere la composición que habéis hecho. También podéis representar un paisaje marino con estas esponjas. No olvides comentarle qué ocurre cuando se mezclan los colores.

HABILIDADES
- formas geométricas
- pensamiento imaginativo
- coordinación ojo-mano

133

Números gigantes

Para practicar de una forma divertida ejercicios matemáticos puedes reproducir los números en diferentes tamaños y texturas. Recorta las siluetas gigantes de los números en papel de lija. El niño podrá recorrer su forma con los dedos y reconocerlos. También puedes sugerirle sumas «gigantes», es decir, sumas básicas de números entre el 1 y el 9, de modo que la búsqueda de estos números entre las figuras gigantes le estimule para realizar la suma.

HABILIDADES
- reconocimiento numérico
- pensamiento crítico

134 +5

Números secretos

El juego de los números secretos resulta divertido y eficaz para reforzar su pensamiento matemático. Reta al niño a que adivine el número que estás pensando. Si ya tiene habilidad en la suma, puedes darle pistas indicándole qué números debe sumar o restar alternativamente para aproximarse al número secreto o incluso para acertarlo. Si el niño aún no tiene habilidad en estos ejercicios matemáticos, simplemente dile si es mayor o menor que otros números, para que vaya acotando la respuesta. De este modo se aproximará a los números de una forma gráfica.

El ejercicio refuerza el cálculo matemático, pues el niño está trabajando sumas y restas para aproximarse a un número que desconoce, con lo cual, deberá guiarse también por las pistas que le proporciones. En este sentido, procura indicarle pautas como: si le restas dos te acercas demasiado. Así deducirá que el número secreto está muy cerca del que tiene en mente, y que es cuestión de operar con cálculos de sumas o restas de uno en uno.

HABILIDADES
- contar
- pensamiento crítico

IDEA

Pregúntale si puede adivinar la edad de sus abuelos con este ejercicio.

135 +4

Cadenetas de papel

Hacer una cadena de papel de colores puede ser una manera fácil de aprender series y organizar patrones. Para hacerlo más sencillo, propón al niño que empiece sólo con dos colores y que poco a poco añada otros para dificultar la serie.

El niño deberá pensar un modo de hacer una cadena en la que se repitan los colores. Comenta con él cómo es posible hacerlo, dejando que él lleve la iniciativa para animarle a desarrollar su pensamiento lógico. Sería buena idea que practicara primero en un papel. Hazle varias preguntas sobre la serie que está realizando; si incluyes la palabra «repetir» en la conversación, tomará conciencia de que un patrón o una serie consta de la repetición sistemática de un número determinado de elementos.

Cuando compruebes que ya tiene clara la idea, será momento de comenzar a recortar tiras de papel. Una vez listas, anímale a que las pegue para terminar con la serie.

En la siguiente cadena, el modelo puede ganar en complejidad. Podéis introduir elementos de diferentes formas a la serie y unirlos a la anterior: obtendréis dos series en una. Asegúrate –antes de llegar a este punto– de que el pequeño ha comprendido claramente el concepto de «serie» y lo ha practicado con habilidad.

HABILIDADES
- pensamiento lógico
- coordinación ojo-mano
- series

136

Simetría natural

Otra actividad en la que interviene la simetría la puede encontrar el niño en su propio cuerpo: una línea imaginaria lo divide en dos mitades idénticas. Otros objetos dentro de su casa también la guardan: las alfombras, los armarios, etcétera. Pídele que dibuje objetos de su habitación que guarden simetría. Comprobará que en todos los casos se trata de dos mitades iguales.

Por supuesto, es importante que el niño observe la simetría que existe en la naturaleza. Mirad las hojas, por ejemplo: una línea vertical en el centro las divide en dos mitades exactas. Lo mismo sucede con las flores, los animales, los árboles... Ejemplos, todos ellos, de bellos diseños que encierran una perfecta simetría natural.

HABILIDADES
- patrones
- observación
- pensamiento crítico

137

Formas geométricas

A los niños les resulta muy divertido dibujar formas, bien perfilando su contorno o trazando el interior de una plantilla. Además de desarrollar la motricidad fina, la práctica de los trazos es un modo de aprender formas geométricas básicas. Anímale a que dibuje, por ejemplo, un cubo. Le será de gran ayuda tener uno delante, como una pieza de un rompecabezas o un dado. Ayúdale a dibujar cada una de las caras del cubo hasta completar la figura geométrica. Después, pídele que coloree cada cara de un color.

HABILIDADES
- motricidad fina
- formas geométricas
- pensamiento crítico

138

+4

Un, dos, tres... ¡al tarro!

Una forma sencilla, divertida y sabrosa de estimular al pequeño para que cuente a partir de una cifra de dos dígitos o más es guardar caramelos, galletitas u otro alimento de pequeñas dimensiones.

La actividad en sí es suficiente como para desarrollar su pensamiento matemático, y bastará con que le pidas que guarde en el tarro un número determinado de caramelos. Después, puedes pedirle que añada un número de caramelos de un color, y otros tantos de otro color. De vez en cuando, pregúntale la suma de los caramelos que lleva ya introducidos en el tarro. Si aún no ha desarrollado suficiente habilidad en el pensamiento matemático, quizá necesite apuntar en un papel los números para hacer la suma posteriormente.

Cuando veas que desarrolla esta actividad con soltura, puedes proponerle que organice los caramelos, las legumbres, las galletas y otros alimentos similares en pequeños tarros. pondrá en práctica la organización, la distribución y el pensamiento lógico. También tendrá que realizar un cálculo abstracto para deducir qué alimentos irán en un tarro u otro. Las galletas se colocarán en el más grande, mientras que las lentejas irán en tarros más pequeños, dependiendo de la cantidad que haya.

HABILIDADES

- pensamiento imaginativo
- correspondencia unívoca
- contar

IDEA

Proponle que organice juguetes menudos en tarros: lápices, gomas de borrar, sacapuntas, canicas...

139

+3

Dibujar a la familia

Los niños se divierten muchísimo dibujando con tizas de colores. El mejor lugar para ello es una superficie grande, por ejemplo, el suelo de un parque. La tiza desaparece con el agua de lluvia, o simplemente pasando el pie sobre ella. El tema a dibujar es la familia, mientras que el objetivo de la actividad es el cálculo de medidas, por lo que desarrollará el pensamiento comparativo. Tendrá que pensar quién es más alto o quién más bajo, por ejemplo. Si el entorno es un jardín, tendrá que dibujar los árboles, en proporción a los miembros de la familia.

HABILIDADES

- mediciones
- hacer comparaciones
- dibujar y pintar

140

Calcular hasta dónde

Una nueva actividad para comparar medidas y estimular el cálculo es trabajar con volúmenes. Para ello, el niño puede ayudarte a rellenar tarros con diferentes alimentos, por ejemplo, con arroz. Dibuja con rotulador una línea a cierta altura del tarro (después de hacer la actividad podrás borrarla fácilmente con agua). Pídele que vuelque el contenido del paquete de arroz, o del cereal o legumbre que hayas escogido para esta actividad en el tarro, pero sólo hasta la línea marcada. Deberá calcular cuándo dejar de verter, y a qué velocidad hacerlo para no sobrepasar la línea. También puedes pedirle que llene el tarro cacito a cacito y vaya contando. Así practicará los números.

HABILIDADES

- psicomotricidad fina
- hacer comparaciones
- mediciones

141

Cadenas de números

Las series de números son cadenas numéricas que siguen ciertos patrones. Para que el niño lo entienda de manera práctica y sencilla, proponle la siguiente cadena: 2, 4, 6, 8... y pregúntale qué número vendría después.

Podéis idear cualquier tipo de patrón de los siguientes para realizar series. Explícale que puede continuar enumerando la serie de los impares: 1, 3, 5; la de las decenas: 10, 20, 30, 40, o tal vez la de los pares: 2, 4, 6, 8... Lo importante en todo caso es que comprenda el criterio con el que se crea la serie y lo siga de forma sistemática.

Esta actividad desarrolla su pensamiento lógico y deductivo, al tiempo que le ayuda a afianzar el cálculo matemático. Si observas que tiene dificultad para comprender la actividad, anímale a escribir los números completos desde el 1 hasta el 100, y elimina los que no pertenezcan a cada serie, explicándole en el momento de eliminarlos por qué lo haces.

HABILIDADES

- pensamiento lógico
- pensamiento deductivo
- series
- contar

142

Cálculo aproximado

Para optimizar la comprensión aritmética podéis realizar cálculos de cantidades aproximadas. Pídele que compruebe sus operaciones contando después los objetos; así le ayudarás a desarrollar un sentido numérico sólido. El cálculo aproximado debe tener sentido. Si observas que el pequeño calcula a lo loco, será porque no percibe lo que realmente representa el número y necesita practicar más, por ejemplo, con cálculos más sencillos.
Puedes realizar cálculos aproximados con el pequeño en cualquier momento del día. Calculando los pasos que hay en su cuarto, las farolas que hay en la calle, la gente que hay en una habitación o las fresas que caben en una cesta. Recuerda que, después del cálculo, debéis comprobar que está bien hecho contando los elementos.

HABILIDADES
- cálculo aproximado
- pensamiento deductivo
- cálculo

143

Clasificar golosinas

Cualquier ocasión es buena para reforzar la capacidad de clasificación. Cuando vayáis a una tienda de golosinas, aprovechad la oportunidad para analizar juntos cómo están organizadas: los chicles están en una estantería; en otra los regalices, y en una tercera los caramelos. Otro tipo de clasificación puede responder a productos con azúcar y sin azúcar, o a los colores; también hay productos envasados y otros a granel...

HABILIDADES
- ordenar y clasificar
- motricidad fina

144

Conocer las horas

Probablemente a un niño de cinco años le resulte difícil leer la hora en los relojes analógicos. Para ayudarle en esta tarea, ofrécele un reloj que ya no utilices. Después, programa una actividad con límite de tiempo. Por ejemplo, una visita. Esa persona llegará a una hora determinada y el pequeño observará cada cierto tiempo el avance de las agujas del reloj. De esta forma relacionará el transcurso del tiempo con el movimiento de las agujas. Cuando llegue la visita, muéstrale si es la hora indicada inicialmente, así será consciente del paso del tiempo.

HABILIDADES

- pensamiento deductivo
- pensamiento imaginativo

145

Orden en la habitación

Ordenar y clasificar los objetos de la habitación es una buena actividad para potenciar el pensamiento lógico del niño. Marca con él una tarde para ordenar los juguetes de su cuarto. Primero, pensad en cómo hacerlo: dónde irán los libros, dónde los juegos de construcción, en qué lugar pueden ir los peluches... Una vez que hayáis decidido el sistema de orden, anímale a que lo ponga en práctica. Recuerda que, dentro de cada clasificación, aún puede organizarse por tamaños, colores...

HABILIDADES

- ordenar y clasificar
- dibujo y pintura
- observación

IDEA

Plantea también con él un sistema de organización para el armario.

146

Construyendo series

Podéis seguir creando series con algunos de los juguetes del niño, dándole un sentido matemático. Si tenéis una pizarra magnética e imanes, puedes proponerle diferentes series por el tamaño o color de los objetos. También podéis elaborarlas colocando estos imanes en el frigorífico. Otra modalidad más interesante y estimulante supone hacer series con bloques de construcción. El niño podrá construir una carretera, un tren u otro elemento con series de piezas. También, retomando la idea de la simetría, sería interesante que creara algún objeto simétrico, como por ejemplo una mariposa.

HABILIDADES
- series
- coordinación ojo-mano

147

Cuenta y apunta

Haz un estudio sobre el número de coches que tienen los miembros de tu familia. Ayuda al pequeño a escribir los nombres de aquellos que tienen automóvil en la actualidad, y después comprueba cuántos ha tenido cada uno a lo largo de su vida. Anota las puntuaciones en un ábaco.

Piensa en otras actividades con tu familia en las que podáis hacer cuentas. Cuenta y apunta el número de letras que tiene el nombre de cada persona, las diferentes edades de cada uno, cuántas veces puede saltar una persona a la cuerda o botar una pelota. Cronometra los minutos para saber cuánto tarda cada uno en darse un baño, en pasear al perro o en hablar con la abuela por teléfono.

HABILIDADES
- contar
- recoger y apuntar datos

148

Dibujos calcados

Para desarrollar aún más la capacidad de observación de series, una idea estupenda es observar los suelos y paredes con atención. En concreto, el cuarto de baño o la cocina muestran a menudo un interesante ejemplo de azulejos o cenefas que forman dibujos. Las paredes de azulejos siguen ciertos modelos básicos que se repiten una y otra vez.

Una buena actividad para ampliar esta búsqueda de series consistirá en formar dibujos calcando los patrones. Coge cualquier papel blanco normal (cuanto más grande, mejor) y extiéndelo en el suelo. Pide al niño que le quite el papel a una pintura de cera y, sosteniéndola a lo largo, la pase sobre el papel hasta que se calque el dibujo situado debajo. Cuando quiera sacar el patrón del dibujo de las paredes, sujeta el papel con una cinta adhesiva o con la mano mientras él lo frota con la cera.

HABILIDADES

- series
- coordinación ojo-mano
- pensamiento deductivo
- pensamiento lógico

149

El número mayor

Para discriminar entre números grandes y pequeños, proponle que utilice una baraja de cartas y juegue con dos amigos. Usa sólo las cartas comprendidas entre el as y la sota. Barájalas, reparte la misma cantidad de cartas a cada jugador y ponlas boca abajo en la mesa. Todos los jugadores pondrán a la vez una carta boca arriba: el que tenga el número más alto se llevará las cartas. Si dos cartas empatan, los dos jugadores cogerán una segunda carta. Cuando se hayan acabado las cartas, los jugadores contarán su puntuación; ganará el que más puntuación alcance.

HABILIDADES

- reconocimiento numérico
- pensamiento crítico

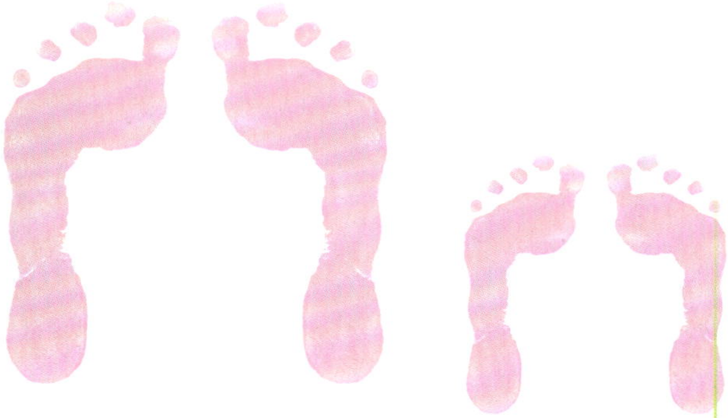

150

Empezar a medir

Las unidades de medida estándar resultan demasiado abstractas para un niño. Lo mejor para familiarizarse con ellas es utilizar métodos más básicos. Trozos de cuerda, pinturas, pies o legumbres son buenas herramientas para medir. Escoge dos o más de éstas y buscad objetos que podáis medir.

Si el niño puede trabajar solo, elabora una lista de dibujos de cosas de la casa que pueda medir y pídele que apunte cuántas pinturas o cuántos clips mide el televisor, la nevera, las estanterías o una pelota.

Comentad los resultados cuando los tenga. ¿Por qué es menor el número de pinturas que el de clips que ha utilizado para medir? Si hubiera realizado la medición con garbanzos, ¿habría más garbanzos? Podéis usar vuestros pies para medir una alfombra: ¿por qué el número de pasos que da el pequeño es mayor que el número de pasos que das tú?

Medir con estas unidades no sólo ayudará al niño a comprender conceptos como «metro» o «centímetro», sino que también le brindará la oportunidad de comparar y percibir las relaciones entre medidas.

HABILIDADES
- mediciones
- cálculo aproximado
- coordinación ojo-mano
- hacer comparaciones

151

En el banco

Abrir una cuenta de ahorros para el niño es un modo muy divertido de entablar contacto con el dinero, los bancos, los cheques, las libretas de ahorros, los cajeros y las cajas de seguridad. Obviamente, necesita empezar contando alguna cantidad de dinero. Quizá podría reunir el dinero de la paga o el del cumpleaños.

Ve con el niño al banco y seguid todo el proceso de apertura de una cuenta de ahorros. Explícale cómo funciona la cuenta, cómo el dinero que ingresas o sacas aparece reflejado en una libreta, cómo se puede sacar el dinero desde un cajero. Todas estas aclaraciones deberán adaptarse, por supuesto, a su edad.

Una parte de este proceso podría incluir la idea de utilizar esos ahorros en algo que le hiciera mucha ilusión. Si se trata de conseguir una bici nueva o un ordenador, todo resultará menos abstracto. Pero planear la compra de algo no debe ser el objetivo: ahorrar debe ser un hábito continuado, y una buena forma de aprender es empezar desde pequeño.

HABILIDADES
- resolución de problemas
- contar
- dinero

152

Envasados

La próxima vez que vayas a la tienda, haz que el pequeño se fije en la comida que viene en paquetes de más de una unidad. Probablemente piense en las latas de refresco, en los envases de yogures o en las cajas de leche pero, ¿sabe cuántos hay en cada paquete? Una vez en los pasillos, búscalos. Fijaos en cuántos paquetes podéis encontrar. Si llevas contigo una carpeta hecha en casa, podrás hacer una lista.

Esta lección de matemáticas se centra en los grupos de objetos. Igual que en el dominó –cuando el niño mira un patrón sabe automáticamente qué es un cinco o un seis–, aquí tendrá la oportunidad de acostumbrarse a los grupos en los envases. Así, podrá agudizar la vista y encontrar alguno de 12 o de 18. Esta actividad también ofrece la oportunidad de contar de dos en dos, de tres en tres...

HABILIDADES

- conjuntos y grupos
- resolución de problemas

153

Haz un calendario

Aquí tiene la oportunidad de hacer su propio calendario mensual, con recortes de números de calendarios antiguos. Cualquiera de los dos podéis dibujar esta tabla mensual y rellenarla con el nombre del mes y los días de la semana. Entonces, imitando a un calendario actual, el pequeño puede pegar los números en los lugares apropiados. Otra opción es ir haciéndolo día a día.

Una forma mucho más sencilla es encolar los números con masilla adherente en vez de usar pegamento. De este modo, se pueden reutilizar en meses sucesivos.

Pegad el calendario en la nevera o en algún lugar frecuentado por toda la familia para que sea el niño el que se encargue de rellenar cada casilla en un momento determinado del día.

HABILIDADES

- contar
- reconocimiento de números
- secuencias

154

+5

Juego de dados

Para hacer un juego de dados, dobla un trozo de papel en seis columnas verticales y dibuja seis o siete líneas horizontales que las atraviesen. Escribe al pie de cada columna los números del uno al seis. Dale al pequeño un dado y pídele que lo lance. Cuando salga un número, dile que coloree el recuadro de la columna correspondiente. Por ejemplo, si sale el cuatro, coloreará un segmento de la columna 4. Aunque él puede jugar solo, tú u otra persona también podéis acompañarlo. Ganará el que coloree primero todos los segmentos.
Ésta es una buena actividad de discriminación visual y ayuda al niño a comprender que los puntos del dado representan números. También puedes comprar dados con números en lugar de puntos, pues son muy útiles si está empezando a conocer los números.
Es importante recordar que el niño necesitará un tiempo para contar los puntos hasta familiarizarse con los dados. Fotocopia las hojas preparadas para poder continuar con el juego siempre que quieras.

HABILIDADES
- reconocimiento de números
- contar
- discriminación visual

155

+4

Medir el tiempo

Medir el tiempo es algo complejo de comprender para los más pequeños, por eso es importante realizar actividades que consoliden su conciencia del tiempo. Cuando el niño comienza a realizar una actividad, la única pauta para finalizarla es su actitud ante ella. Es decir, sólo cuando se cansa deja de jugar, cuando no tiene hambre deja de comer o cuando no tiene sueño deja de dormir. Sin embargo, paulatinamente se va incorporando en él la idea del tiempo, y comienza a saber que debe terminar las acciones en un momento concreto. Para ello, lo mejor es que con un reloj de grandes dimensiones le marques la hora en que debe acabar la actividad que lleva entre manos.

HABILIDADES
- las horas
- observación
- recoger y anotar datos

156

La hora de dormir

Como decíamos, comenzar a tener conciencia del tiempo es fundamental. Le servirá como pauta para organizar sus actividades y el desarrollo del día. Una buena forma de hacerlo es comunicarle anticipadamente lo que va a ocurrir, cuál es la próxima actividad a realizar y a qué hora será. Por ejemplo, después del baño hay que cenar, después de la cena le leerás un cuento y, finalmente, irá a dormir. Puedes enseñarle, con la ayuda de un reloj, cómo distribuir el tiempo desde la primera acción hasta la última. Por la tarde, proponle un espacio de tiempo limitado para cada actividad. El baño puede prolongarse una hora, y la cena otra más. A una hora determinada le leerás un cuento, y media hora más tarde se irá a dormir.

HABILIDADES
- las horas
- contar

157

Bloques de construcción

La actividad que proponemos a continuación resulta muy interesante para reforzar el conocimiento de las diferentes formas básicas. Seguramente tendrás en casa algún juego de construcción con el que estimular al pequeño en el conocimiento de las formas geométricas. Proponle que construya una torre y observa qué figuras va utilizando. Te sorprenderá comprobar que, instintivamente, desestimará los objetos con forma esférica, y optará por aquellos que tengan facetas planas.
Pon atención en este detalle y pregúntale por qué actúa de este modo. Pídele también que cuente cuántos objetos puede apilar sin que se caigan, cuántos hay de determinado color, y dile que los agrupe por formas. De esta manera, también estarás afianzando su manejo de los números y el pensamiento matemático.
Cuando veas que ha desarrollado con suficiente soltura esta actividad, puedes proponerle que construya diferentes elementos con las mismas piezas de costrucción. Así, tendrá que hacer un castillo, una carretera, un barco o un tren.

HABILIDADES
- figuras geométricas
- discriminación visual
- coordinación ojo-mano

158

Libros con números

Sumar es la primera operación matemática que realizan los niños. Para ayudarle en este proceso de pensamiento, es muy útil recurrir a un ejemplo práctico. Dobla seis folios de papel por la mitad y grápalos por el borde para conseguir un libro de 24 páginas. Pídele que a partir de la tercera cara (deja las dos primeras en blanco) comience a numerar las hojas. En cada una de ellas deberá dibujar tantos elementos como indique el número. También puedes proponerle que pegue pequeños recortables que sean de su agrado para hacer la actividad más divertida.

HABILIDADES
- correspondencia unívoca
- reconocimiento numérico

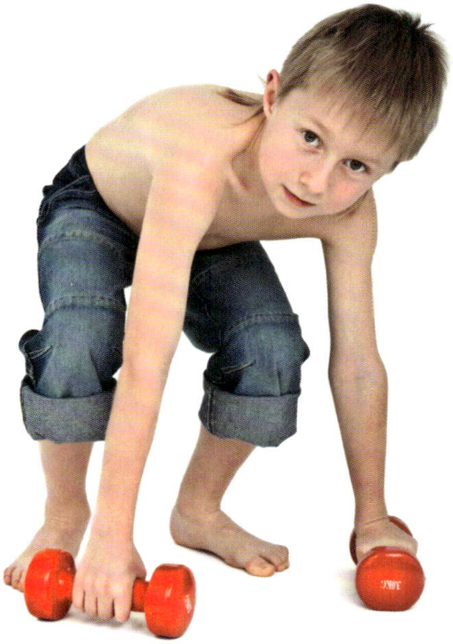

159

Ligero y pesado

Probablemente el niño todavía no sea capaz de discernir entre ligero y pesado. Ya puede distinguir entre grande y pequeño, caliente y frío, alto y bajo; sin embargo, la noción de peso aún no está arraigada del todo en él. Para ayudarle en su aprendizaje, puedes darle varios objetos de diferente peso, desde un envase de leche, que pesa un kilo, a una caja grande vacía. De este modo, incluso podrá experimentar que el peso no está relacionado con el volumen: algo pequeño, como una piedrecita, es más pesado que una hoja de periódico, de mayores dimensiones.

HABILIDADES
- mediciones
- hacer comparaciones

160

Pesarlo todo

Si actualmente está aprendiendo las medidas de peso en el colegio, una buena actividad extraescolar podrá consistir en pedirle que pese lo que compras en la tienda o el supermercado. En algunos establecimientos es el mismo cliente el que pesa la fruta o verdura que compras. Si visitas uno, proponle que pese lo que vayáis a comprar en esta sección. Pídele que compruebe las medidas del objeto y que pegue su etiqueta en la bolsa. Hazle notar que, aunque haya bolsas que puedan pesar lo mismo, no tienen por qué ser igual de grandes ni contener los mismos productos.

HABILIDADES
- pensamiento matemático
- pensamiento lógico

161

Matemáticas con dados

Para ayudar al pequeño a familiarizarse con los puntos de los dados, os proponemos este juego. La medida ideal es la de tres o cuatro jugadores.

Una persona lanza dos dados: el que primero suma en voz alta correctamente los puntos, tiene el turno de salida. Los dados son herramientas muy importantes en matemáticas, y es importante que el niño memorice la disposición de los puntos que representan a cada número, ya que esta configuración aparece en las actividades de matemáticas. Finalmente, el niño reconocerá un cinco a primera vista, con lo que ganará destreza y rapidez en el juego. Se recomienda que los mayores dispongan de una colección de fichas para que los más pequeños puedan usarlas para sumar dos grupos de números.

HABILIDADES
- contar
- resolución de problemas

162

Matemáticas con hueveras

Practicar matemáticas con cartones de huevos es muy divertido. Con un rotulador, numera del 1 al 12 las cavidades de la huevera. Coge un surtido de monedas, garbanzos, botones... y ayuda al pequeño a contar los objetos que deberá poner en cada cavidad. Practica con él y di en alto cada número, por ejemplo: «1, 2, 3, 4, 5». Para facilitar el trabajo, preparad el número de objetos de antemano (84 en total). De este modo, será más fácil saber si cuenta correctamente, porque no sobrarán objetos cuando estén llenas las doce cavidades.

Otra actividad matemática de distinto nivel consiste en usar la huevera para un sencillo juego de suma. En cada cavidad de la huevera, escribe una operación sencilla como 1+1=, 1+2=. Después, ayuda al pequeño a resolver las operaciones.

HABILIDADES

- correspondencia unívoca
- contar
- reconocimiento numérico

163

Matemáticas de reciclaje

Reciclar las latas y botellas de refrescos no sólo es bueno para el medio ambiente, sino que, además, tiene utilidad matemática, que vamos a aprovechar para contar de cinco en cinco.

Teniendo en cuenta que cada lata vacía cuesta cinco céntimos, dile al pequeño que busque en la bolsa de reciclaje de casa y realice el cálculo de cuántas latas y botellas contiene. Después, anímale a que, con la ayuda de lápiz y papel, calcule cuánto dinero conseguiría si decidiera venderlas todas.

Explícale cómo hace unos años se reutilizaban los envases. Los llevábamos al establecimiento, donde los rellenaban a granel. Haced el ejercicio de sumar todos los envases que haya en el baño y en la cocina. ¿Son todos necesarios? ¿Algunos podrían reutilizarse? Aprovecha esta actividad para fomentar una actitud ecológica en el niño.

HABILIDADES

- contar
- pensamiento abstracto
- cálculo aproximado

IDEA

Pídele que sume el contenido de varias latas hasta llegar a 100 cl.

164 +4

Matemáticas silenciosas

Para practicar operaciones matemáticas, prueba a representarlas. Escribe diferentes sumas y restas en distintas tarjetas. Pon una boca arriba, por ejemplo, «5+5=?». Propón al pequeño que ilustre la operación usando materiales que tenga a mano. Si en el juego participan varios niños, haz que pongan una carta boca arriba por turnos sin mostrarla al resto, e intenten, a través de la mímica, que los demás adivinen de qué operación se trata.

Es complicado para los niños conceptualizar una operación sin hablar, únicamente con la ayuda de objetos. Y adivinar la respuesta es aún más peliagudo.

HABILIDADES

- conjuntos y grupos
- solución de problemas

IDEA

Para los más pequeños, utiliza objetos familiares para hacer sumas. Deja que el niño indique el resultado con otros objetos.

165 +5

Medir a la familia

¿Y si para comparar tamaños le damos al pequeño un hilo, lana o un rollo de papel continuo para que pueda medir a cada miembro de la familia?

Si acceden, deberán tumbarse en el suelo mientras el pequeños extiende el hilo o el papel desde la cabeza hasta los pies. Si emplea papel, ayúdale a escribir en él el nombre de la persona; si usa el hilo, pégale un trozo de papel con el nombre. Después, extiéndelos y descubre quién es el más alto, el más bajo...

HABILIDADES

- mediciones
- hacer comparaciones
- manualidades

IDEA

Dibujad la silueta de las manos y pegad lana encima. Tendréis una original muestra de diferentes tamaños.

166

Números romanos

Los números romanos se representan mediante letras. Tal vez pueda resultar un poco desalentador asociar los números a las letras en un principio, pero si a un niño que conoce el abecedario y los números hasta la treintena le gustan estos sistemas, también le resultará fascinante aprender éste.
Una buena idea es crear una tabla con las letras: escribe en la parte superior el número al que representan. Explícale cómo se leen la suma y la resta. Ten paciencia: es un sistema de numeración totalmente nuevo, y hasta que lo aprenda, tal vez relacionar los números romanos con la vida cotidiana le resulte más sencillo. Será mejor que los escribáis y descifréis juntos.
Una actividad sencilla para localizar números romanos podría consistir en buscar la numeración en los índices de algunos libros, ya que suelen utilizar el sistema romano.

HABILIDADES
- observación
- reconocimiento numérico

IDEA

Dibuja un reloj con las horas en números romanos.

167

Parábolas de lana

Marca, en un trozo de cartón de 20 x 20 cm, once segmentos verticales de 2 cm en la parte izquierda y once de manera horizontal en la parte inferior. En el lado izquierdo, escribe los números del 1 al 10 de arriba abajo, dejando los dos últimos centímetros libres. En la parte inferior, deja libre el primer segmento y escribe los números del 1 al 10 de izquierda a derecha. Así quedará libre la esquina inferior izquierda del gráfico. Haz un agujerito al lado de cada número.
Cuando estén todos hechos, enhebra la aguja con hilo de bordar de color intenso y pídele que la pase de abajo hacia arriba por el agujero del número 1 de la parte inferior y la lleve hasta el agujero del número 1 de la superior. Deberá continuar del mismo modo con todos los números. El resultado final es una parábola, y también un diseño muy atractivo. Si utilizas un hilo de diferente color para cada pareja de números, obtendrás un bonito efecto visual.

HABILIDADES
- formas geométricas
- coordinación ojo-mano

168

Parejas de números

Los niños más pequeños disfrutan confeccionando su propio juego de parejas con elementos que encuentran en su entorno. Una buena idea es buscar dos calendarios antiguos para realizar esta actividad. Piensa que cuanto más grandes sean, la tarea resultará más divertida y sencilla de realizar.

Ayuda al pequeño a recortar los números y a escoger dos ejemplares de cada uno. A continuación, pegadlos en una tarjeta. Para ello, recorta una cartulina en varias partes iguales, del tamaño de la carta de una baraja.

Quizá a él le atraiga la idea de decorar la parte de atrás de cada carta; sin embargo, el truco de esta actividad consiste en que las cartas tengan el mismo dibujo, para que los concursantes no adviertan diferencias entre ellas al jugar. La finalidad del juego es hacer parejas –con las cartas boca abajo y destapando dos en cada tirada–, e intentar recordar la posición de los números, así es que decorar la parte de atrás puede suponer una pista... ¡Comienza el juego! ¡Ganará el que acierte más parejas!

HABILIDADES
- reconocimiento numérico
- dibujar y pintar
- discriminación visual

169

Pares e impares

Una cosa que el niño no sabe todavía es que los números pares pueden dividirse entre dos, pero no los impares. Ayúdale a revisar todos los números hasta el 30, y pregúntale si sabe cuáles son pares del 1 al 10.

Después de haber trabajado juntos para averiguar qué números se pueden dividir entre dos y cuáles no, deberás ayudarle a distinguirlos –dentro de esta serie de números pares e impares– en una fila de números sucesivos (por ejemplo, una cinta métrica).

Cuando vea que al contar del 1 al 10 los números son, alternativamente, pares o impares, podrá llegar a comprender la diferencia.

HABILIDADES
- series
- contar
- resolución de problemas

170

¿Pares o nones?

El siguiente juego le afianza en su conocimiento de los números pares e impares.

Reúne a ocho personas y repártelas en dos equipos, uno el de los números pares, y otro el de los impares. Pide a dos de ellas que se pongan de espaldas e indiquen con los dedos cualquier número. Quienes los observan sumarán los dedos de ambos jugadores y decidirán si la suma es par o impar.

Pide a algún amigo que anote las puntuaciones y se fije en qué equipo ha conseguido adelantarse en el marcador al finalizar el juego.

HABILIDADES
- resolución de problemas

171

Series de pasta

Los collares de macarrones y figuritas de pasta de diferentes formas son muy divertidos de fabricar, y sirven también como ejercicios para trabajar las series.

Agrupa los macarrones en combinaciones de dos o tres. Compra hilo de nailon en una tienda de manualidades (puede valer cualquier hilo fuerte). Coge unos recipientes con agua y añade en cada uno unas cuantas gotas de distintos colorantes alimentarios. Pide al pequeño que elija un color para cada tipo de macarrón; también puede alternar los colores y los macarrones. Sumérgelos en el agua coloreada y, después de un ratito, sácalos y déjalos secar sobre papel de cocina. De vez en cuando, comprueba que la pasta no se haya pegado. Ahora dispón la pasta como si fuesen piedras preciosas.

La diferencia es que estas «joyas» no duran siempre, apenas uno o dos días. Si quieres que los diseños de pasta duren más, pega los macarrones sobre el papel.

HABILIDADES
- series
- coordinación ojo-mano

172

Pescando operaciones

Para calcular operaciones sencillas (o no tan sencillas), lo que podemos hacer es... ¡pescarlas!

Compra unas clavijas o espigas en la ferretería y ata al final de cada una un pequeño imán (también se venden en las ferreterías o en las tiendas de manualidades). Luego, mete en una caja algunas tarjetas que lleven un número escrito y une un clip a cada una. Los jugadores no deben ver las cartas que pescan. En un principio podéis coger dos cartas cada uno y sumarlas, o esperar a tener tres o cuatro cartas reunidas.

En el caso de los más pequeños, se puede dibujar a cada lado del número varios elementos que lo representen. Este juego también admite operaciones de resta y multiplicación.

HABILIDADES

- mediciones
- hacer comparaciones

173

Por pies

Para poder entender el concepto de comparación, pide al niño que dibuje en un papel el pie de cada miembro de la familia. Si os apetece, incluid también los pies de amigos y de otros familiares.

Cuando esté terminado el dibujo, escribe dentro de cada pie el nombre de su dueño y ayuda al pequeño a recortarlos. Extiende las siluetas de los pies en el suelo y localiza cuál es el más grande, el más pequeño, el siguiente al más pequeño... Colócalos en el suelo por orden y pégalos en hojas de papel.

Durante la actividad, habla con él sobre sus tamaños; por ejemplo: el pie de Álvaro es más pequeño que el de Lara, el de José es el más grande. Ayudarás al niño a reconocer visualmente los nombres.

Podéis hacer agrupaciones por tamaños, por edades, por vínculos familiares o por sexo. Por ejemplo, independientemente del tamaño de los pies, agrupar aquellos que sean de los niños, de las madres, etcétera.

HABILIDADES

- mediciones
- hacer comparaciones

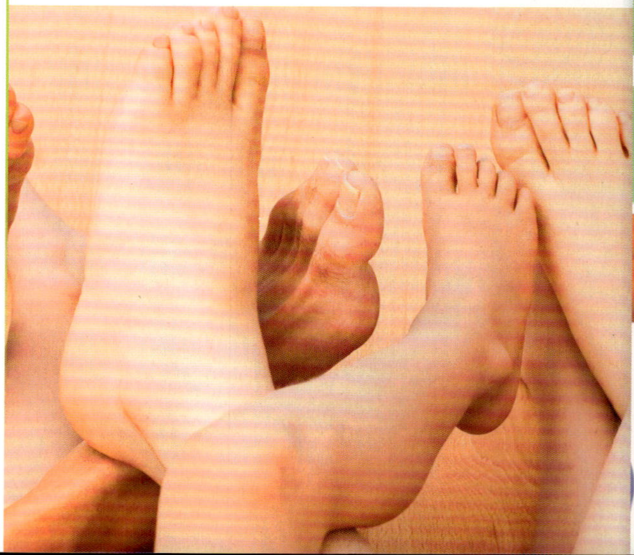

174

Problemas horarios

Utiliza un reloj viejo para esta actividad, o haz uno de cartón con manecillas móviles. Pon las manecillas a las doce en punto. Después, pregunta al pequeño: «¿Qué hora será dentro de dos horas? ¿Y dentro de cuatro? ¿Y dentro de seis?». Pídele que mueva las manecillas hasta indicar la nueva hora. También puedes moverlas hacia atrás. Pregúntale qué hora era hace una hora. ¿Y hace tres horas? ¿Y hace doce horas?
Si ya domina las horas, prueba con las medias horas. Por ejemplo, pon las manecillas indicando la hora que será dentro de una hora y media.

HABILIDADES
- las horas
- contar
- coordinación ojo-mano

175

Números en todas partes

Reconocer los números en el ambiente que te rodea es un paso crucial para comprender el papel que desempeñan en nuestras vidas. Existen varias maneras de realizar esta actividad. Una de ellas es fijarse en los números y explicarle qué significan en cada caso. Busca por la cocina ejemplos de números (en el reloj, en el termostato de la nevera, en el cronómetro del horno, en el calendario...).
Otra variante, si son un poco mayores, es pedirles que busquen un número concreto, por ejemplo un 12 (en la TV) o un 9 (en la caja de cereales). Una forma mucho más gráfica de realizar esta actividad es anotar los números y animarlos a que busquen ejemplos de ellos por la casa.

HABILIDADES
- reconocimiento numérico
- discriminación visual

176 +4

Seguir el rastro

Probablemente ya habrás comprobado que al pequeño le divierte contar. Cuenta las cucharadas de sopa en la cena; cuenta el número de peluches que hay en su estantería, las galletas de la merienda y los saltos que da sin detenerse. El niño está aprendiendo algo que le resulta fascinante: una actividad, como la de contar, que estaba reservada a los adultos. Por este motivo, según la edad que tenga, proponle actividades de contar relacionadas con la vida diaria. ¿Cuántos escalones subimos al día? ¿A qué distancia está (cuántos pasos) el cuarto de baño de la cocina? ¿Cuántos pies mide el salón a lo ancho? ¿Cuántas palmas de la mano mide la mesa de ancho y de alto?
Anota esta información después de que hayan contado los pasos dos o tres personas distintas. Habla con el niño de las diferencias que veáis, tales como que él da veinticinco pasos desde la cocina a la puerta de entrada, mientras que los mayores lo hacen en dieciséis.

HABILIDADES
- mediciones
- comparaciones
- pensamiento lógico

177 +5

Series de números

Haz series de números recortando las cifras que aparecen en calendarios viejos. Luego colócalas en una bandeja o en una mesa. Según la agilidad mental del niño, puedes hacer una secuencia de números, poner cinco o diez de una vez, o colocar todos los números boca arriba.
Tu hijo tiene que pegar los números por orden en tiras de papel de colores. Es mejor que estas tiras no sean demasiado largas (que no tengan más de diez números), para que la tarea no resulte desalentadora, y también porque a los niños les encanta grapar tiras de papel unas con otras.
Recuerda que en el caso de los más mayores, se pueden recortar las cifras por separado (el 29 se convierte en 2 y 9), lo que les permitirá continuar la serie por lo menos hasta el 100.

HABILIDADES
- reconocimiento de números
- contar
- series

178

Series numéricas con botones

Este otro tipo de series numéricas va en dirección vertical. En una cuartilla de cartulina traza diez líneas, escribe el número 1 en el primer espacio y continúa hasta llegar al 10. Coge algunos botones del costurero y un poco de cola y ayúdale a asociar grupos de botones con su número exacto. Esta actividad es el paso posterior a actividades más sencillas de correspondencia unívoca, como la de que un niño coloque un pincel en cada recipiente.
En esta serie numérica se practican correspondencias unívocas, pero también precisa un reconocimiento numérico. La correspondencia unívoca es un concepto matemático fundamental que el niño desarrolla a partir de los cinco años.
Observa si tiene dificultad a la hora de emparejar los botones con los números. Si es así, practica con él actividades más simples, como hacer una fila con monedas de cinco céntimos y otra con diez animales de plástico. Pregúntale si hay suficientes céntimos para cada animal, sabiendo que cada uno cuesta cinco céntimos. Los ejercicios como éste, de relaciones sencillas, conforman la base para completar la serie numérica, más complicada.

HABILIDADES
- correspondencia unívoca
- reconocimiento numérico
- contar

179

¡STOP!

Fíjate en las formas de las señales de tráfico mientras viajas. La más familiar es la de enmarcada dentro de un octógono.
Otras señales nos aportan más vocabulario de formas geométricas; por ejemplo, la señal de «colegio» es un triángulo. Explícale también al pequeño que las palabras que definen figuras geométricas encierran en su forma el número de lados de cada una (tri-ángulo).
Haced una colección de señales de tráfico. Ayúdale a dibujar las primeras. Finalmente, clasificadlas y determinad si siguen algún patrón. Por ejemplo: ¿hay otras señales octogonales? o ¿qué tipo de señales son las triangulares?

HABILIDADES
- formas geométricas
- adquisición del lenguaje
- observación

IDEA

Haz un colgador de Stop *para el baño para indicar que nadie puede entrar si está ocupado.*

180

+5

Tejer

Tejer nos ayuda a desarrollar la motricidad fina y a crear patrones. Fija con chinchetas un cañamazo grueso en un viejo bastidor. Corta el hilo de macramé en hebras 5 cm más largas que el marco y anuda un extremo de cada una. Después, enrolla cinta adhesiva en el otro extremo para que quede una punta, como en el cordón de un zapato. Pide al niño que coloque una mano bajo el bastidor y que con la otra inserte el extremo con la cinta adhesiva a través de la red y hacia arriba, y hacia abajo a lo largo, y que lo repita con el resto del macramé.

HABILIDADES

- patrones
- coordinación ojo-mano
- motricidad fina

181

+4

¿Tienes fiebre?

Tomar la temperatura es una tarea que gusta a los pequeños, que practican cuando juegan a los médicos. Para comprender poco a poco qué es la temperatura pueden mirar el periódico y anotar los grados que alcanza cada día su ciudad, o dibujar el termómetro, marcar la temperatura y apuntar el día. E incluso comparar la información del periódico con la del telediario.

Proponle que introduzca el termómetro en un cuenco de agua: ¿qué temperatura marca? Y si dentro del agua hay cubitos de hielo, ¿qué temperatura indica?

Con estas actividades, pronto comprenderá el uso de los termómetros.

HABILIDADES

- sacar conclusiones
- mediciones
- experimentación

182 +4

Trébol de tres hojas

Una versión sencilla y «natural» para hacer series es buscar en el campo tréboles o cualquier otro elemento decorativo: piñones, ramitas, margaritas, pétalos... Con ellos podéis crear preciosas combinaciones naturales de, por ejemplo, trébol-pétalo-trébol, o alguna más compleja, añadiendo variantes que vayan aumentando el grado de complejidad.

Cuando el niño haya desarrollado cierta habilidad con estas series, podéis crear juntos cuadros con estos motivos. De este modo, desarrollará habilidades matemáticas y manuales, y la actividad se convertirá en algo vedaderamente creativo.

HABILIDADES

- patrones
- coordinación ojo-mano
- pensamiento imaginativo

183 +5

Serie multicolor

Si quieres realizar una actividad entretenida y útil con la ayuda de tu pequeño, que además le ayudará a saber seguir un patrón, sería perfecto pintar una valla o realizar una cenefa en la que se reproduzca una.

Para la valla de jardín necesitas botes de pintura de diferentes colores, brocha y un patrón que seguir. Si vas a realizar una cenefa, necesitas papel blanco, cinta y pintura. Deja que sea él quien escoja los colores y el patrón. En la cenefa puede elegir el ancho de las franjas, o incluso combinar varios anchos en el patrón.

HABILIDADES

- patrones
- coordinación ojo-mano
- manualidad

184

¡Todos a hacer gráficos!

Los gráficos ayudan a los niños a entender y a advertir las relaciones entre las cosas de manera gradual. Los más sencillos podrían ser un gráfico de cumpleaños, una comparación entre dos o tres comidas favoritas o un simple gráfico de «sí» o «no». La disposición puede ser flexible, aunque lo normal es situar la información en la cabecera, en horizontal, y en el lado izquierdo, en vertical, y colorear o pegar las líneas para mostrar los resultados. Por ejemplo, un gráfico de platos favoritos podría incluir pasta, patatas fritas y pollo. La comida aparece en la parte superior, en horizontal, y los nombres de las personas en el lado izquierdo. Se puede diseñar un gráfico de «sí» o «no» con una pregunta en la cabecera y el nombre de las personas a la izquierda, con las palabras «sí» o «no» para que cada uno marque la respuesta correcta.
Cuando toda la información esté en el gráfico, es importante observar y comentar los resultados.

HABILIDADES
- gráficos
- pensamiento crítico
- coordinación ojo-mano

185

Números con formas

Los pequeños suelen creer que los números son estáticos, es decir, que un 5 o un 7 no se pueden representar de otras formas distintas y seguir siendo un 5 o un 7.
Para comprobar que un número sigue siendo el mismo en cualquier situación, pide al pequeño que represente el 8 de diferentes formas. Por ejemplo, el 8 puede ser un muñeco de nieve hecho con pasta de modelar, o puede ser el cuerpo de una abeja. El 1 puede ser un bastón o puede ser un paraguas cerrado.
Procura que este juego no se quede simplemente en una búsqueda de formas divertidas; haz énfasis en la similitud entre la forma y el número al que se asemeja.

HABILIDADES
- reconocimiento numérico
- contar
- coordinación ojo-mano

IDEA

Modela con plastilina figuritas imitando números.

186 +5

Una gráfica diaria

Una interpretación visual de cuántas horas durante el día (o durante la noche) pasa haciendo actividades didácticas puede dar como resultado un gráfico interesante.

Empieza esta tarea acordando que, de las 24 horas del día, hay ciertas actividades en las que se emplea un tiempo cada día. Podrías anotar los números del 1 al 24 en un papel y después empezar a comentar y a escribir lo que sucede cada día en la vida del pequeño. Divide el tiempo en bloques grandes, no pequeños, y limita la lista a actividades tales como la hora de la comida, el colegio, los deberes, los juegos, los desplazamientos y la hora de dormir. Escribe los números del 1 al 24 en la parte superior del papel, y a la izquierda todas las actividades escogidas: dormir, comer o subirse al transporte del colegio. Colorea una barra con el número de horas que dedica a hacer una determinada actividad o, si lo prefieres, pega tiras de papel. Lo ideal sería que pasaran entre nueve y diez horas durmiendo, y seis en el colegio. Suma las horas y comprueba lo cerca que estás de completar un día.

HABILIDADES
- gráficos
- contar
- pensamiento crítico
- coordinación ojo-mano

187 +4

¡Vamos a comprar formas!

Cuando vayas al supermercado, anímale a que busque figuras geométricas en los objetos que compráis. Cuando lleguéis a casa, repasad la compra. Puede escribir el nombre de un artículo, por ejemplo «naranja», y hacer su dibujo al lado. Después, puede clasificar las diferentes formas y recortarlas.

Sugiérele que busque las distintas formas de pan o de galletas en los dibujos de las cajas. Intenta que tenga una ligera idea de cómo puede ser la forma de las cosas. Por ejemplo: el papel higiénico es un círculo visto desde el extremo, o un cilindro visto de frente; los tomates son círculos (o esferas, si el niño es mayor y ya los reconoce).

HABILIDADES
- figuras geométricas
- observación
- discriminación visual

IDEA

Haz una caja de cartón, para que el niño observe los lados de un cubo.

189

¡Adivina mi moneda!

Explícale las características de las monedas. Por ejemplo, la moneda de un céntimo, de dos y de diez: «La de un céntimo es colorada y muy pequeña; la de dos céntimos es un poco más grande»; «la moneda de diez céntimos es dorada y un poquito más pequeña que la de cinco céntimos».

Pídele que describa las monedas y pregúntale en qué se ha fijado. ¿En qué se diferencia una moneda de un céntimo de una moneda de diez céntimos? Después, él guardará una moneda en una mano y esconderá las dos manos detrás de la espalda. Adivina en qué mano está la moneda. Si aciertas, deberá identificar la moneda con una pista que te dé. Si te equivocas, volverás a intentarlo.

HABILIDADES
- dinero
- observación

188

Jugar a los restaurantes

¿Qué te parece si jugáis a tener un restaurante en casa? El objetivo es divertirse y ayudarle a practicar matemáticas. Procura adaptar el juego, más sencillo o complejo, a las capacidades del pequeño.

Para los niños más pequeños, haz alimentos de papel maché que puedas volver a utilizar. Para hacerlos, mezcla cola blanca y agua, y añade trocitos de papel de periódico. Con esta pasta podréis modelar hamburguesas, verduras o helados. ¡Demostrad que sois unos artistas! Pintad los modelos cuando estén secos.

Después, comentad la carta del menú. Ayuda al pequeño a escribir una carta sencilla y adaptada a su nivel de matemáticas, aunque no refleje la realidad. Haz una libreta de pedidos para el camarero y... «¡a comer!».

HABILIDADES
- dinero
- pensamiento imaginativo
- dibujo y pintura
- reconocimiento de palabras

IDEA

Calculad juntos el precio de una cena en casa.

190

Agrupar

Toma un número de objetos al azar, por ejemplo, doce botones. Ponlos en zigzag sobre una mesa y pídele que los mire rápidamente y que adivine cuántos hay. Lo más probable es que no acierte.

Ordena los botones en grupos de tres, enséñale sólo un grupo y pregúntale cuántos hay. Después, descubre los cuatro grupos y pregúntale de nuevo cuántos hay en total. Esto hará que le sea más fácil calcularlos de un vistazo.

Dispón los objetos en grupos pequeños y ayuda al pequeño a que se acostumbre a formar números más grandes de esta manera.

HABILIDADES
- contar
- conjuntos y grupos

IDEA

Haz cálculos aproximados en la calle.

191

Bingo del cien

Se puede jugar al bingo del cien con un tablero confeccionado por vosotros mismos, con los números del 1 al 100 distribuidos en filas de diez. Prepara un grupo de cartas numeradas del 1 al 100.

El primer jugador cogerá una carta del montón y cubrirá ese número en el cartón con una ficha de algún tipo (monedas, garbanzos, macarrones...). Luego dejará la carta en otro montón aparte. El juego continuará hasta que un jugador consiga completar cinco fichas dispuestas en una hilera horizontal, vertical o diagonal.

Para que los niños mayores disfruten de un juego más emocionante, el jugador sumará o restará cualquier número dado, por ejemplo, un 3, al de la carta, y luego pondrá una ficha en el número del tablero correspondiente.

HABILIDADES
- conocimiento numérico
- conjuntos y grupos
- resolución de problemas

192

Calculadora de cartón

Busca un caja pequeña de cartón con tapa. Deja la tapa puesta y haz dos agujeros en ella. En un lateral de la caja, cerca del fondo, haz otro agujero.

Coge un grupo de tarjetas con sumas y restas, pero sin la solución. Pon una carta boca arriba y haz que deje caer el número correcto de garbanzos por el hueco de la tapa. Por ejemplo: si el ejercicio es 5+3=..., debe poner 5 garbanzos en un agujero y 3 garbanzos en el otro.

Después pídele que resuelva el problema y compruebe su respuesta: que saque los garbanzos de la caja y que los cuente.

HABILIDADES

- contar
- conjuntos y grupos
- resolución de problemas

193

Cara o cruz

Para trabajar con el concepto de probabilidad, nada como el lanzamiento de monedas a cara o cruz. Para empezar, asegúrate de que el niño conoce la cara y la cruz de una moneda. Ésta puede ser una actividad compartida por unos cuantos niños.

Ofrece diez monedas a cada uno y dos cuartillas de papel con las palabras «cara» en una cuartilla y «cruz» en la otra. Cada uno lanza su moneda y marca con una raya en la hoja adecuada. Al final, compararán sus resultados.

HABILIDADES

- cálculo
- coordinación ojo-mano

194

Cien es...

Comprender lo que es una centena puede ser un concepto difícil para los niños pequeños. Podrían saber contar hasta cien, de uno en uno, de diez en diez o incluso de dos en dos o de cinco en cinco. Pero, ¿saben realmente qué es el cien? Explícaselo y proponle que haga grupos de cien cosas. Si guardas cien gomas en un recipiente, ¿cómo serían? ¿Y cien tapones de botella, o cien monedas de un céntimo, cien monedas de diez céntimos o cien canicas? Reunir cien cosas y verlas juntas le ayudará a comprender lo que significa la centena.

HABILIDADES
- cálculo aproximado
- contar
- resolución de problemas

195

Collage *de cien*

Para practicar más con el número cien, podéis reunir cien objetos. Cuando hayas contado cien, pégalos en una cartulina para disfrutar de un *collage* lleno de colorido. Antes, divide los objetos en grupos de diez, dos o cinco. Ver que estos pequeños grupos dan como resultado cien ayudará al niño a visualizar este número de diferentes maneras. No es necesario que pueda contar para formar conjuntos. Otra opción es trabajar hacia atrás: comienza con los cien objetos juntos, escoge el número de grupos que quieras hacer y cuéntalos.

HABILIDADES
- contar
- cálculo aproximado
- pensamiento imaginativo
- conjuntos y grupos

196

Códigos secretos

A los niños les encanta el misterio de la escritura codificada. Forma parte de su mundo imaginario, lo encuentran en los libros que leen, así como en los personajes que interpretan mientras juegan.

Es importante aprovechar este estímulo para afianzar en el pequeño la asociación del reconocimiento numérico y el alfabético. Al principio no es un ejercicio fácil, pues se trata de un código de 28 signos; por eso quizá puede resultar más fácil si comenzáis con un código sólo para las vocales. Asignando un número a cada vocal, la palabra SOL, por ejemplo, sería S4L, y la palabra NUBE sería N5B2. Como podrás comprobar al iniciar la actividad, algo tan sencillo como esto resulta tremendamente estimulante para él, que comenzará a escribir palabras codificadas. Cuando veas que tiene suficiente soltura con las vocales codificadas, puedes empezar a aumentar la dificultad de la actividad. Hazlo de forma progresiva para evitar que se desanime. Si crees que puede serle útil, deja que consulte la relación del código.

HABILIDADES

- reconocimiento numérico
- reconocimiento del abecedario
- pensamiento crítico

197

Compras ficticias

Para los niños mayores capaces de manejar sumas de dinero más elevadas, usa catálogos viejos de compra por correspondencia.

Separa una cantidad de dinero que se adapte a este tipo de catálogo y pídele que haga una lista de artículos que le gusten y que se ajusten al máximo a la cantidad dada. Supón que dispone de 60 euros para gastar en un catálogo de artículos para animales o 100 euros en un catálogo de juguetes.

Trabajad juntos en esas cantidades y usad lápiz y papel para una cantidad y la calculadora para la otra.

Si dispone de dinero ahorrado, es una buena oportunidad de contarlo y calcular qué puede comprar con él. De este modo puedes fomentar en él la idea del ahorro, pues cuanto más dinero ahorre, mayor cantidad de cosas y de mayor valor podrá comprar.

HABILIDADES

- dinero
- resolución de problemas

198

Contar de diez en diez

Para practicar cómo contar y agrupar de diez en diez, cuenta cien alubias, pero no dejes que sepa cuántas hay.
Consigue diez vasos de plástico o de yogur y pídele que ponga diez alubias en cada vaso. Explícale que si cuenta de diez en diez puede descubrir cuántas alubias hay en total. Déjale probar. Después, si sacas 5 vasos, ¿cuántas alubias habrá en los vasos que quedan? Quizá quiera agrupar los vasos de diferentes formas y continuar contando de diez en diez para ver cuántas alubias hay. Este tipo de actividad manual permite crear una imagen más clara del sentido que tiene agrupar y contar de diez en diez.

HABILIDADES
- contar
- conjuntos y grupos

IDEA

Divide los juguetes de diez en diez. ¿Cuántos grupos hay?

199

Contar los sellos

Ésta es una actividad excelente para realizar durante las vacaciones, pero si no tienes sellos, también puedes hacerla. Dile al pequeño que necesitas comprar sellos. Supón que cuesta 33 céntimos cada uno y que necesitas comprar, por ejemplo, 2, 5 o 10 sellos. Pídele que calcule cuánto dinero necesitarás para comprarlos.
Esta tarea puede ser muy adecuada si el niño tiene que mandar invitaciones de cumpleaños. Explícale los diferentes modos de averiguar cuál es la cantidad apropiada. Podéis contarlos de diez en diez, pero, ¿y si sobran dos? También podéis contarlos de dos en dos. Coge papel y lápiz y probad distintos métodos.

HABILIDADES
- dinero
- cálculo

200

Cortar cupones

Si el niño es lo suficientemente mayor para ayudarte a encontrar ofertas en los folletos de alimentación, puede buscar también los cupones de descuento. Buscadlos siempre en los folletos publicitarios.

Pídele que recorte los que crees que podrías utilizar. Comenzad con los artículos más habituales. Después, id al supermercado con los cupones. Buscad un artículo determinado y fijaos en cuánto ahorráis. Os podrá servir de ayuda la calculadora, pero tu niño también puede calcular el descuento mentalmente.

Guardad el dinero que habéis ahorrado en casa; así, cuando la cantidad alcance, por ejemplo, los 20 euros, quizá podáis meterlos en su hucha.

HABILIDADES
- dinero
- resolución de problemas

IDEA

Haz un gráfico con su ayuda indicando qué productos están más rebajados.

201

¿Cuánto dura un minuto?

El pequeño entenderá lo que dura un minuto si está directamente relacionado con su propia experiencia.

Realizad durante un minuto algunas pruebas: «¿Cúantas veces puedes escribir tu nombre en un minuto? ¿Y saltar a la pata coja? ¿Y dibujar una casita?».

Cuando haya calculado el número de veces, podremos decir que sabe calcular un minuto y podrá ver, no sólo cuánto se ha acercado, sino también lo que da de sí un minuto cuando realiza actividades rutinarias.

HABILIDADES
- las horas
- contar
- cálculo aproximado

202

De dos en dos

Para reforzar el concepto de par y para aprender a contar de dos en dos, pídele que te ayude a hacer una lista de las cosas que van en pareja.

¿Conoces a unos gemelos? ¿Y qué me dices de los calcetines, zapatos, pendientes, orejeras? Cuando consideréis que la lista está completa, ayúdale a contar todas las parejas de dos en dos.

Otro modo de realizar esta actividad consiste en comprar una bolsa de cacahuetes y averiguar cuántos hay dentro de cada cáscara. Casi siempre son dos. Contad los cacahuetes con cáscara de dos en dos, y después abridlos para ver cuántos pares había realmente en su interior, poniéndolos en filas de dos. ¿Os sobra alguno?

Una variante muy divertida es hacer alguna actividad con las piernas atadas, como una carrera de sacos, o con las manos atadas, como comer una manzana flotando en un barreño de agua. También podéis organizar una carrera por parejas, unidas por la espalda con una cuerda. Estos juegos, además de ser muy divertidos ayudarán al pequeño a afianzarse en el concepto de par.

Pregunta al niño qué ocurriría si a una pareja de pendientes, por ejemplo, le añadierais un tercer pendiente. ¿Podrían repartirse de forma igual? ¿Y si fueran cuatro pendientes? Muéstrale de esta manera la diferencia entre pares y nones.

HABILIDADES
- contar
- conjuntos y grupos

203

De un vistazo

Disponer objetos en grupos o conjuntos permite que los niños más pequeños puedan visualizar mejor qué números representan.

Para poder decir de un vistazo el número exacto que representa un conjunto, debemos organizar los objetos de forma ordenada. Por ejemplo, si hubieras lanzado a una mesa veinte monedas, sería difícil ver cuántas habría sin contarlas de una en una. Pero si las ordenas, él podrá aprender a decir rápidamente cuántas monedas hay en cada grupo.

Supón que organizas las monedas en grupos de un céntimo, dos céntimos o cinco céntimos, y las colocas en línea recta atravesando la mesa. ¿Ves que es más fácil «conocer» el número? Esto funciona sobre todo con los números grandes y ayuda al pequeño a reconocerlos sin contarlos.

HABILIDADES
- contar
- conjuntos y grupos

204

Diagramas de Venn

Los diagramas de Venn son círculos con rótulos que indican lo que contienen Por ejemplo, un círculo podría decir: «Voy de azul», y otro círculo podría decir: «Voy de amarillo». Entonces, quienquiera que esté en la habitación podría escribir su nombre en un papel y rodearlo con un círculo. Pero, ¿qué pasa si vas de amarillo y azul? Entonces los dos círculos deberían solaparse o formar una intersección para los que van vestidos con los dos colores. Los diagramas de Venn sirven para clasificar. Los hay muy simples, como por ejemplo, «voy de rojo», y más complicados, que incluyen varias características. Puedes dibujarlos en un papel o hacer círculos con hilo y colocarlos sobre una mesa. Si hay una intersección, los dos círculos se acercan el uno al otro para que se puedan solapar por el centro.

HABILIDADES
- ordenar y clasificar
- resolución de problemas
- pensamiento crítico

205

El reto de las restas

Éste es un juego muy instructivo, pensado para tres o cuatro niños, pues podrían practicar el cálculo de operaciones como sumas o restas. Partiendo de una cifra, digamos 20, alguien empieza por una resta, por ejemplo: 20–2=18. La siguiente persona resta otro número, y así, sucesivamente. Para aumentar la dificultad, se puede alternar la suma y la resta aleatoriamente, de modo que se ponga en práctica la agilidad mental en las operaciones matemáticas.

HABILIDADES
- conjuntos y grupos
- resolución de problemas

206

Calcar monedas

Una actividad muy práctica cuando el niño empieza a reconocer las monedas es frotarlas con un lápiz. Utiliza las monedas de una en una. Pide al pequeño que examine ambas caras de la moneda y comentad su diseño. Acuérdate de señalar el año en que fue acuñada. Después, pon la moneda bajo una cuartilla de papel y dile que la frote por encima con una cera.
También puedes usar la moneda como un tampón. Pinta una cara con témperas y estámpala sobre un papel de cocina. Procura no poner demasiada cantidad.

HABILIDADES
- dinero
- coordinación ojo-mano

IDEA

Busca monedas antiguas o de otros países. Ésta es una buena ocasión para empezar a coleccionar monedas.

207

Gangas de alimentación

Si el pequeño está aprendiendo el valor del dinero en el colegio o en casa, esta actividad es una práctica excelente para reforzar este aprendizaje.
Ten a mano el folleto de precios de un supermercado y dile que dispone de una cierta cantidad de dinero, por ejemplo 6 euros, para gastar en artículos de la lista. Haz una selección de alimentos como frutas y verduras, o productos de limpieza. Después ayúdale a preparar una lista de comestibles cuyo valor se acerque a la cantidad de dinero especificada. Dale lápiz y papel para que haga las sumas y también una calculadora.
Aprender a usar una calculadora como herramienta para operaciones matemáticas es útil para niños de todas las edades.

HABILIDADES
- dinero
- resolución de problemas

208

Intercambio de monedas

Cuando los niños hayan empezado a comprender el valor de las monedas de hasta 20 céntimos, proponles un juego en el que intercambiéis monedas pequeñas por otras más grandes.

Haz una perinola dividida en tres secciones, con los números 1, 2 y 5 en cada sección. Por cada niño que juegue debería haber diez monedas de un céntimo, diez monedas de dos céntimos y diez de cinco céntimos. Ponlas en un plato en el centro y añade también algunas monedas de diez céntimos. Cuando el jugador gira la peonza, deberás coger la moneda que la perinola indique.

HABILIDADES

- dinero
- resolución de problemas

IDEA

¿Cuántas monedas de 20 céntimos tiene el pequeño en su hucha?

209

Las matemáticas en el menú

También puedes jugar a los restaurantes con comida y aperitivos reales. Funcionaría mejor con un niño de aproximadamente seis años. Hablad de los precios de los alimentos y usad dinero de verdad. Confeccionad la carta del menú haciendo una lista con la comida que se sirve y una libreta de pedidos. Es mejor utilizar números redondos, por ejemplo, el plato de espaguetis cuesta 5 euros; de esta forma resolveréis mentalmente el total de la cuenta. De todos modos, si decidís que cuesta 5,25 euros, podría ser útil ayudaros de una calculadora. ¡A cocinar y a disfrutar de la comida!

HABILIDADES
- reconocimiento visual de palabras
- dinero
- resolución de problemas

210

One, two, three

Enséñale a contar hasta diez en otro idioma. Si alguien de la familia es bilingüe, empezad por este otro idioma.
Prepara un grupo de tarjetas con los números en español (en letra) y otro con los números escritos en el otro idioma. Si sabéis de alguien que hable un tercer idioma, también puede enseñaros a contar en él. Generalmente, los niños aprenden los sonidos de las palabras, y si está empezando a leer, es una buena idea escribir las palabras en tarjetas separadas.
Asegúrate de que también escribes el número en cada una: *one, two, three, four, five, six, seven, eight, nine, ten.*

HABILIDADES
- reconocimiento visual de palabras
- contar
- adquisición del lenguaje

211

Operaciones con garbanzos

Consigue una huevera de cartón y escribe los números del uno al doce en los cuencos. Éste puede ser un juego en solitario o para más amigos.

Cada jugador pone dos garbanzos u otros objetos pequeños dentro de la huevera. Cierra la tapa y la agita. Cuando la abra, tu pequeño tiene que escribir (o calcular mentalmente) una suma utilizando los números de los cuencos donde cayeron los garbanzos. También puede hacer cálculos sumando los garbanzos de las distintas casillas.

HABILIDADES

- conjuntos y grupos
- resolución de problemas

212

Contar pétalos

Un concepto matemático complejo de comprender al comienzo es el de unidad que incluye varias unidades. Por ejemplo, una docena de huevos contiene doce huevos, aunque sea una docena. O una margarita contiene muchos pétalos, aunque sea una sola margarita.

Para ayudarle a que comprenda mejor esta idea, anímale a que haga una flor u otro elemento compuesto por varias unidades. Puedes recortar pequeños óvalos de una cartulina, un círculo y dos óvalos grandes. Pide al niño que cuente cuántos óvalos pequeños hay; serán los pétalos que formarán la margarita. Cuando tengas todos los elementos, pégalos a un palito o a una pajita de refrescos.

HABILIDADES

- contar
- conjuntos y grupos

213

Patrones de números

Dibuja una tabla con diez filas de diez números. Pide al niño que tape todos los números que tienen un dos. Puedes cubrir los números con un marcador temporal como un folio, o colorear cada espacio con ceras de colores claros. También puedes cubrir todos los números que tengan un cero, los números que tengan un círculo o los números que tengan ambos dígitos iguales. Lo que se pretende es que preste atención a los patrones de la tabla numérica. Algunos están muy claros, como los que tienen cero, y otros requieren un poco más de reflexión. Pero todos ellos muestran las importantes relaciones entre los números.

HABILIDADES
- patrones
- reconocimiento numérico

214

Operaciones con dinero

Si el pequeño ha comenzado a trabajar con el dinero en matemáticas, ésta es una buena actividad de refuerzo.

Dale tres monedas de céntimo y cuatro de diez céntimos y pídele que resuelva estos problemas con ellas: «Tengo cuatro monedas que valen 40 céntimos»; «tengo tres monedas que valen 12 céntimos»; «tengo cuatro monedas que valen 31 céntimos».

Puedes realizar esta actividad con cualquier combinación de monedas, pero tendrá mucho más sentido si la haces con monedas reales. Quizá quiera coger dos o más monedas e inventar sus propios problemas para planteárselos a un hermano o a un amigo.

HABILIDADES
- dinero
- resolución de problemas

215

¡Sólo monedas!

Según la edad del pequeño, puedes desarrollar esta actividad a diferentes niveles. Si tiene cuatro años, puedes ir enseñándole las máquinas que utilizan monedas, en qué establecimientos están, por ejemplo, y en qué ocasiones se utilizan. Si tiene habilidad para las matemáticas, o tiene cinco o seis años, puedes enseñarle las diferentes monedas, e incluso a manejar estas máquinas para su uso.

Pensad en los lugares donde se paga con monedas, como un teléfono público, una máquina de chicles o una máquina expendedora de bebidas o golosinas. Pídele que piense en otros lugares donde se usen monedas, como las máquinas de los parques de atracciones, los aparcamientos o las máquinas expendedoras de bebida y comida, o de pequeños juguetes... Pensad juntos qué máquinas frecuentan en tu familia, y la próxima vez, propón que sea él quien se encargue de seleccionar las monedas para la máquina de refrescos o golosinas.

También puedes preguntarle qué tipo de monedas son las que se utilizan con más frecuencia en estas máquinas. Reflexiona con él por qué no se emplean billetes, y habla también sobre las máquinas que dan cambio.

HABILIDADES

- dinero
- observación

216

Sumar monedas

El objetivo de esta actividad es resolver sumas o restas utilizando únicamente monedas.

Escribe unas operaciones en tarjetas y reúne algunas monedas de uno o dos céntimos para los niños más pequeños, y también de cinco o diez céntimos para los mayores. Sostén una tarjeta y dile al niño que resuelva la operación con la ayuda de monedas. Conviene preparar una gráfica para ayudarle a visualizar el valor de las monedas; se pega cada moneda y se escribe su valor al lado. Lo más difícil, sin embargo, es calcular la cantidad. Si sólo usas monedas de un céntimo, de dos o de diez, el pequeño puede contar de uno en uno, de dos en dos o de diez en diez usando las monedas. Pero cuando las combines o te decidas por números más altos, emplea la calculadora. Por ejemplo, para un niño un poco mayor, antela suma 35+45=... será suficiente si separa las monedas necesarias para resolverla: la solución, en este caso, es secundaria.

HABILIDADES

- resolución de problemas
- dinero

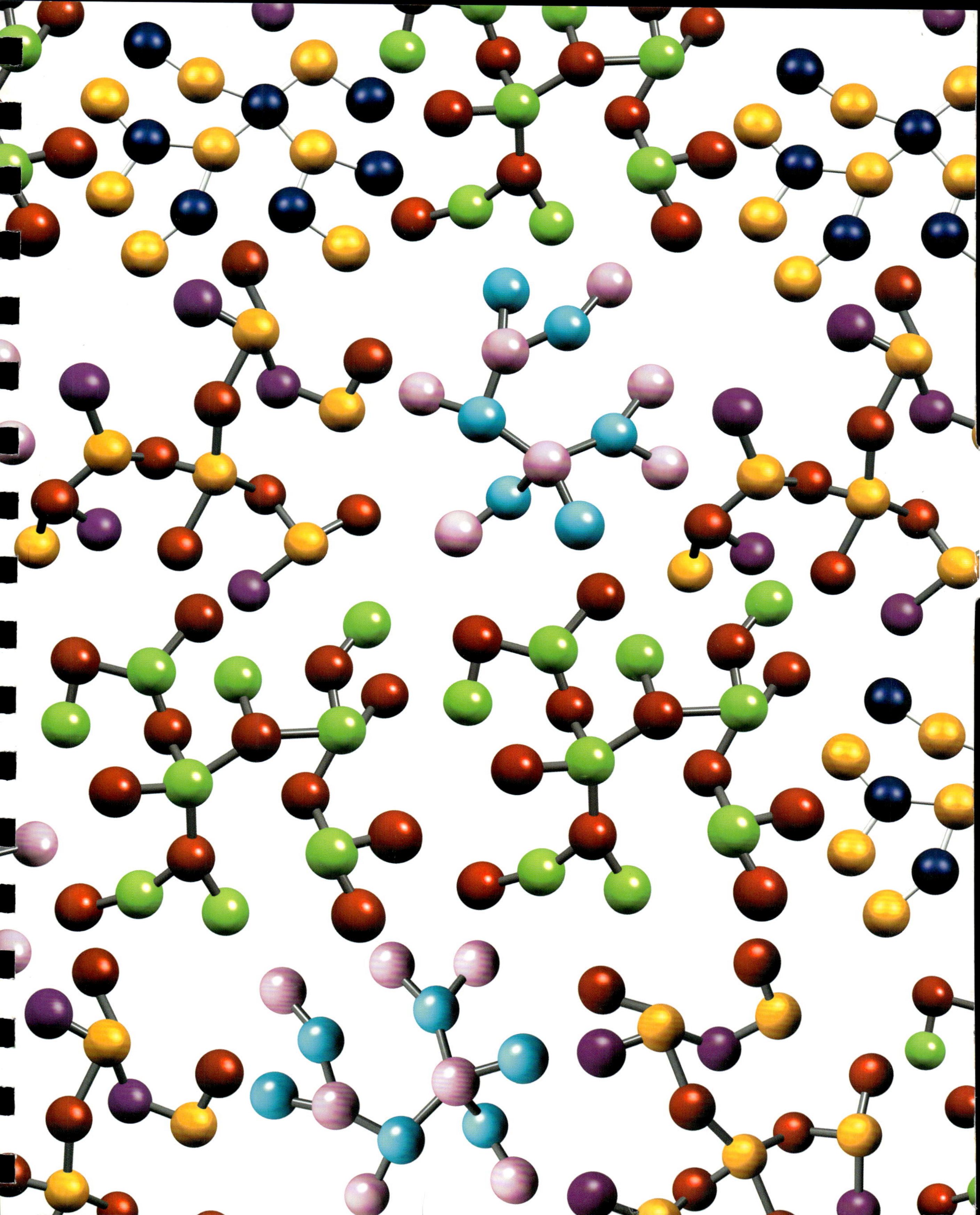

Actividades de ciencias

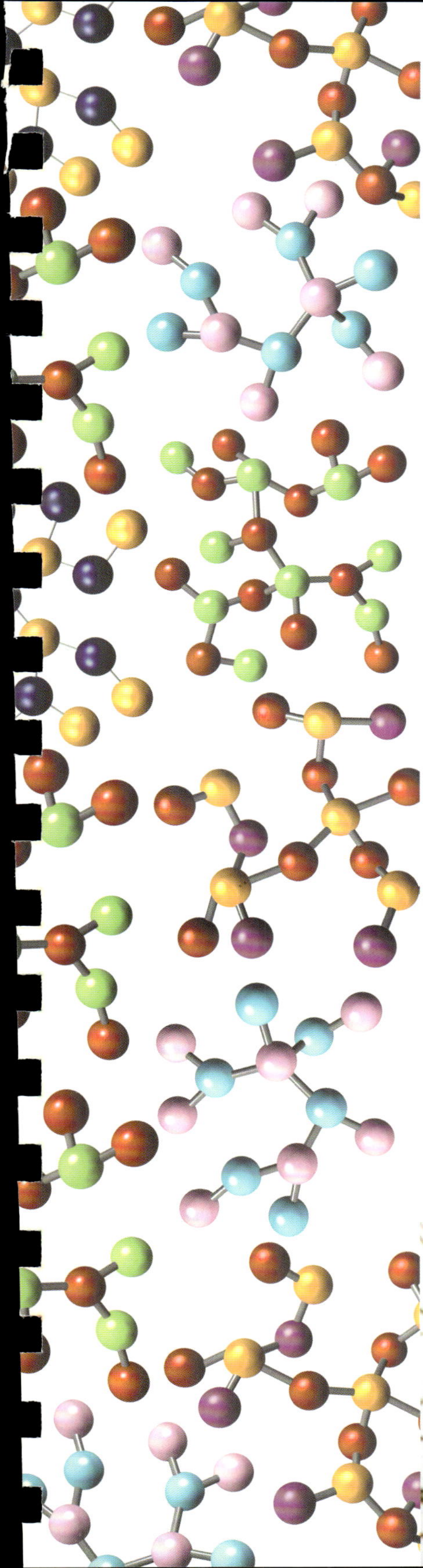

Actividades de ciencias

La ciencia avanza gracias a la curiosidad y a la formulación de hipótesis. Las observaciones de un niño pueden ofrecer la respuesta a la siguiente pregunta: «Las plantas necesitan la luz del sol para sobrevivir».

Aun así, hay que realizar un experimento, es decir, comprobar si esta respuesta es acertada. El método científico consiste en anotar el experimento a través de la escritura o dibujando lo que se ve. Por último, se llega a una conclusión. Es importante recordar que para los niños pequeños la ciencia supone observar y comparar, en absoluto implica encontrar grandes explicaciones.

No es necesario profundizar de forma científica en cada fenómeno.

217

¡Arañas!

Las arañas pueden vivir en un terrario que tenga una tapa transparente. El hábitat consiste en tener un suelo provisto de hojas y una o dos piedras. Su comida ideal son las moscas, aunque se puede adquirir comida para arañas en tiendas de animales. También necesitan un pequeño tapón de botella lleno de agua.

Con una lupa es fácil comprobar que las arañas tienen ocho patas, hecho que las diferencia del grupo de los insectos: son arácnidos. ¿Qué otras características las distinguen? ¿Tienen alas y antenas? Nada es tan fascinante como una tela de araña, especialmente la que teje la araña común, de forma circular. Investigad cómo hacen las arañas su tela. Es sumamente interesante.

HABILIDADES
- observación
- coordinación ojo-mano

218

¡Haz tu propio suelo!

Puedes hacer tu propio suelo si, por ejemplo, hay arenisca en la zona donde vives. Las rocas sedimentarias están formadas por capas de sedimentos o granos, y son habituales en la zona centro peninsular.

Pon un trozo pequeño de arenisca en un recipiente de plástico junto con una roca más dura, como el granito, y dile al pequeño que se turne con alguien para comenzar a agitarlo. Verás cómo se rompe gradualmente la arenisca y se convierte en grano otra vez. Todas las rocas expuestas a los elementos terminan por deshacerse, convirtiéndose en tierra, pero las sedimentarias son las más vulnerables.

HABILIDADES
- formular preguntas
- observación
- plantear una hipótesis
- experimentación
- sacar conclusiones

IDEA

Talla una pequeña piedra de arenisca.

219

Los gusanos de la harina

El ciclo de vida de los gusanos de la harina proporciona un marco excelente para comprender la metamorfosis de un insecto.
El ciclo vital –o metamorfosis– de la mayoría de los insectos pasa por cuatro fases: el huevo, la larva, la pupa y el mismo insecto. Criar gusanos de harina agudiza la capacidad de observación de los niños y los familiariza con la difícil noción de la evolución de los insectos.
Un recipiente de plástico abierto con harina de avena y un trozo de manzana es todo lo que necesitan los gusanos como hábitat. Los niños pueden investigar por su cuenta y observar los diferentes estadios (los huevos, sin embargo, son invisibles). Los gusanos de la harina se pueden comprar en casi todas las tiendas de animales.

HABILIDADES
- formular preguntas
- observación

220

Los gusanos de la harina: el ciclo de la vida

Para continuar con la investigación sobre el ciclo de la vida, podéis colocar los insectos en una bandeja y observarlos con más detalle. La lupa también os será de utilidad. Los gusanos de la harina en estado de larva y los segmentos de su cuerpo se ven perfectamente con una lupa.
Anímale a que se fije en cómo se mueve el gusano de la harina para ver si puede diferenciar la parte delantera de la trasera. ¿Tiene patas? ¿Antenas? Las pupas y los insectos también se pueden observar, aunque mantener a los gusanos en la bandeja es complicado. Para reforzar el conocimiento de que todos los insectos tienen seis patas, dile al pequeño que los observe con la lupa.
Estas mascotas diminutas pueden vivir varios años si se les proporciona harina de avena y trozos de manzana o de patata para mantenerse hidratadas. Al igual que a cualquier ser vivo, a los gusanos hay que tratarlos cuidadosa y respetuosamente. Estos insectos se pueden adquirir en casi todas las tiendas de animales. No te preocupes, no se escaparán de casa: se limitarán a quedarse en su harina de avena.

HABILIDADES
- formular preguntas
- observación

221

Pintura exterior

Para desarrollar las destrezas motrices y entender el concepto de la evaporación, dale al pequeño un cubo de agua y una brocha de pintura y haz que salga a pintar un día que haga buen tiempo. Quizá podría comenzar por pintar la terraza, la pared de la casa, una valla o un camino.

Comenta cómo la pintura se seca con mayor rapidez los días de sol o cómo el agua se evapora en el aire. Usa la palabra «evaporar», pero no abuses de ella. Ésta es una actividad especialmente apropiada para un día soleado, cuando el proceso de la evaporación es rápido. Repite la actividad un día lluvioso y húmedo. Pregunta al niño cuál es la diferencia en el tiempo de evaporación con el clima más desapacible. ¿Por qué cree que la pintura se seca más rápido cuando brilla el sol?

HABILIDADES
- observación
- pensamiento crítico
- motricidad fina

222

Telas de araña

Podéis construir vuestra propia tela de araña usando simplemente cartulina negra e hilo o cordón blanco. Pegad con cola trozos de cordel desde el centro hacia fuera hasta llegar a 2,5 cm del borde del papel. Deben asemejarse a los radios de una rueda. Después coge un cordel más largo y ve pasándolo por encima de los radios unas cuantas veces hasta que parezca una auténtica tela de araña.

Estas telas son muy atractivas en sí mismas; aun así, es posible realizar impresiones de telas cubiertas con pintura y transferidas a un papel.

HABILIDADES
- observación
- coordinación ojo-mano

223

Un tronco podrido

En un paseo con niños por el parque, buscad un tronco o un trozo de madera grande que se esté pudriendo. Pregunta a los niños cosas como: «¿Qué creéis que pudre el árbol?» o «¿Qué creéis que le sucederá con el paso del tiempo?». Prepara un diario y escribe sus respuestas.

Observad el tronco y apuntad lo que veis: qué tipo de vida se desarrolla en el tronco, si hay gusanos, larvas o insectos, cómo es el suelo... Manipula el tronco con cuidado y enséñales a tratar de igual forma a las criaturas que viven en él.

HABILIDADES
- observación
- recoger y anotar datos
- sacar conclusiones

224

¡A mezclar!

Los colores primarios son el rojo, el azul y el amarillo. Todos los demás colores, los secundarios, se consiguen a través de mezclas de estos primarios.

Habla de esto con el pequeño y ayúdale a poner unas gotas de colorante alimentario en envases medianos con agua para conseguir los colores primarios. Saca envases pequeños. Pide al niño que use un cuentagotas para hacer diversas combinaciones de rojo, azul y amarillo en los botes pequeños. Viene bien tener a mano un bote con agua limpia para enjuagar el cuentagotas de vez en cuando.

Una de las observaciones que hará será acerca de las diferentes tonalidades de un mismo color. Habla sobre estas gradaciones de color y usa las expresiones «más claro que» y «más oscuro que».

HABILIDADES
- formular preguntas
- observación
- plantear una hipótesis
- experimentación
- sacar conclusiones

225

Abejas laboriosas

Cuando le estés leyendo libros al pequeño sobre abejas, háblale no sólo de que pican de vez en cuando, sino también de su utilidad. La mayoría de los niños saben que nos proporcionan miel, pero lo más probable es que desconozcan que polinizan las plantas.

Observad juntos a las abejas. Céntrate en las que recolectan el néctar de las flores. Para que los frutos se formen, o crezcan más flores, es necesario que el polen alcance la parte femenina de la flor. El polen (producido por la parte masculina de la flor) se adhiere al cuerpo de la abeja gracias a la vibración del zumbido, y viaja de una parte a otra de la planta mientras la abeja se desplaza recolectando néctar para ella. Sin la ayuda de las abejas, la mayoría de las plantas que conocemos no existirían.

HABILIDADES
- formular preguntas
- observación

226

«Hibernar» las plantas

Ciertas semillas de fruta se pueden plantar en el interior si las «hibernas» primero. Si las dejas en la nevera, simularás el frío del invierno que normalmente experimentarían en el exterior. Para comprobarlo, consigue semillas de manzana o huesos de melocotón o de ciruela y ponlos en un recipiente en la nevera durante dos meses. Después, pide al niño que las plante en macetas y las ponga en una ventana soleada hasta que broten. Un buen consejo es comprar solamente fruta orgánica no tratada con productos químicos que podrían interferir en su desarrollo.

HABILIDADES
- observación
- experimentación

IDEA

Llevad un diario del crecimiento de la planta.

227

Brotes

Se dice que brota cualquier semilla que empieza a crecer. Pero los brotes que se compran en el supermercado son comestibles y se cultivan a partir de granos. Estos brotes son especialmente ricos en nutrientes y, además, es muy divertido cultivarlos.

Para cultivar brotes de legumbres, utiliza lentejas, guisantes o habas. Son brotes a prueba de bomba. Pídele que busque un frasco diferente para cada clase de grano y cubridlos con agua. A continuación, tapad el frasco con un trozo de tela y ajustadlo con una goma elástica. Al cabo de ocho horas (se aconseja hacerlo por la noche), quitad el agua y poned el frasco bajo el grifo para enjuagar el contenido con agua fresca. Vaciadlo de agua, dejad las semillas una noche más y volved a enjuagar.

Recuerda que las semillas únicamente están en agua la primera noche. Pide al pequeño que cada mañana y cada atardecer las enjuague hasta que broten, lo que tardará en suceder una semana. Puedes servirlos en ensaladas o comerlos preparados. ¡Son sanísimos!

HABILIDADES
- formular preguntas
- observación
- plantear una hipótesis
- experimentación
- sacar conclusiones

IDEA

Plantad el brote en una maceta o en el jardín. Os sorprenderá el resultado.

228

Brotes en flor

Dad un paseo para observar los brotes cuando comienza la primavera. Al niño le gustará saber que llevan en el mismo lugar todo el invierno pero únicamente crecen en la estación cálida. Busca unos cuantos brotes que quieras observar. Quizá sepas que hay algunos en un manzano, en un almendro o en un rosal, aunque no importa que desconozcas el nombre de la planta donde lo descubras. Hablad de lo que pensáis que va a suceder. Calcula cuánto tiempo pasará antes de que esté completamente en flor.

Atad un poco de lana alrededor del brote o para identificar con exactitud cuáles son los que analizáis.

HABILIDADES
- observación
- recoger y anotar datos
- adquisición del lenguaje
- cálculo aproximado
- dibujo y pintura

229

Carreras de caracoles

Podéis planear una divertida carrera de caracoles. Necesitáis al menos dos ejemplares, pero... cuantos más sean... ¡más emocionante será!

Para empezar, se pone comida en un extremo de la bandeja: verdura, trozos de fruta u otros vegetales... y a los caracoles se los sitúa en el otro. Ganará el que antes alcance la comida.

Otra modalidad consiste en pintar una tabla de cartón a modo de jardín y comprobar cuál es la cuesta más empinada que puede subir el caracol. Para ello, el cartón se irá elevando gradualmente. La pendiente de la cuesta se puede medir con bloques de construcción, y las puntuaciones se anotarán en el «diario de caracoles».

HABILIDADES
- observación
- plantear una hipótesis

230

Experimento con calabaza

Esta receta es todo un descubrimiento científico. En otoño, cuando el fruto de las calabazas está tierno, elabora pan de calabaza o galletas junto con el pequeño. Proponemos que, en vez de cortar la calabaza y cocerla en una cazuela, lo hagas de la siguiente manera: colócala entera sobre un papel engrasado e introdúcela en el horno precalentado a 200 °C hasta que se quiebre.

Es muy llamativo observar los cambios a través del cristal de la puerta del horno, pero todavía será más fascinante verla cuando esté cocinada. Cuando esté fría, el niño puede cortarla y quitarle las semillas.

HABILIDADES
- observación
- formular preguntas
- experimentación
- sacar conclusiones

231

Conservar hojas (1)

Aquí tenéis un modo simple y eficaz de conservar hojas. Colócalas sin que se solapen entre las páginas de un periódico, pon unos libros pesados encima y espera. Puede llevar unos cuantos días o unas cuantas semanas, dependiendo de la cantidad de humedad que haya en las hojas.

Si están muy húmedas, colócalas entre papel de cocina y envuélvelas después en papel de periódico. Si has recogido muchas, apila las páginas y prénsalas con libros.

Observad qué diferencia hay entre la hoja fresca y la hoja seca. ¿Se ha mantenido el color? ¿Ha cambiado en algo la textura? Quizá antes la hoja era más dúctil y ahora es más quebradiza. En cuanto al aroma, ¿huele igual la hoja recién cogida del campo que la secada entre papel de periódico?

HABILIDADES

- recoger y anotar datos
- observación

232

Conservar hojas (2)

Otra actividad muy divertida e interesante, alternativa a la anterior, consiste en conservar igualmente hojas, aunque en esta ocasión con ayuda de una plancha.

Como verás, se trata de algo muy sencillo. En primer lugar, cubre una mesa con papel de periódico. Consigue una cartulina y unas hojas de papel encerado. Pon un trozo de este último encima de la cartulina; después, coloca una hoja natural sobre el papel encerado, cúbrela con otro del mismo tipo, como si fuera un sándwich, y cúbrelo todo con un paño. Ahora puedes aplicarle calor con la plancha.

Cuando la hoja se enfríe, puedes retirar el papel encerado o cortar los bordes de la hoja y dejarlo adherido.

Cuando hayas terminado, observad si hay alguna diferencia entre la hoja que se ha secado entre papeles y esta otra. Puedes preparar esta actividad con diferentes tipos de hojas, comprobar cuáles se conservan más fácilmente y decidir qué método es mejor para cada una.

Procura no cortar las hojas de los árboles. Inculca al pequeño el respeto por la naturaleza y escoge aquellas hojas que ya se hayan caído.

HABILIDADES

- recoger y anotar datos
- observación

233

Crea tu erizo

Puedes hacer un erizo con dos secciones o cubos de una huevera de cartón, pintura y bastoncillos.

Comenta con el niño la anatomía del erizo. ¿Cuántas secciones tiene su cuerpo y cómo es su aspecto? Luego diseña tu erizo de papel. Comprueba que las secciones de la huevera no estén separadas, pues formarán el cuerpo. Ayúdale a componer la anatomía del erizo. Mirad fotos de erizos para fijaros en cómo es el morro, las orejas y las patas. Reproducid lo que veis en el erizo que estáis creando y pegad los bastoncillos en el cuerpo.

Luego, será el pequeño quien deberá pintarlo. Es buena idea observar diferentes tipos de erizos en libros o en internet.

HABILIDADES
- observación
- coordinación ojo-mano
- dibujo y pintura

234

¡Cultiva un pomelo!

La semilla de pomelo se transforma en una bonita planta de hojas aromáticas. Las mejores semillas para plantar parecen ser las del pomelo que se come en verano, de color verdoso, y que, en ocasiones, tienen incluso el comienzo de una raíz. Aun así, también se puede intentar con la fruta de invierno.

Planta semillas de pomelo en una maceta y riégalas con regularidad. Después, cuando veas que germinan, saca las semillas con cuidado y plántalas en una maceta de mayores dimensiones, para que tenga espacio para crecer.

HABILIDADES
- observación
- plantear una hipótesis
- experimentación
- sacar conclusiones

235

Dulce como la miel

Una buena forma de aprenderlo todo sobre las abejas y la miel pasa por probarla. Profundiza en el estudio de los diferentes tipos de miel, y explica al niño que los nombres que recibe se deben a las flores donde libaron las abejas. Compra miel de dos o tres tipos y organiza una cata al llegar a casa.

También es una buena ocasión para que se familiarice con los alimentos biológicos. Organiza una visita a una tienda ecológica o a un herbolario. Buscad juntos la zona de los productos biológicos y los tarros de miel. Te sorprenderá comprobar la cantidad de tipos de miel que existen. Verás también que las etiquetas son diferentes, incluso la información que hay en ellas. Comenta esto con el pequeño y tomad nota de los diferentes formatos, tipos de miel, colores... Explícale la diferencia entre un producto biológico y otro procesado industrialmente.

Una buena receta con este delicioso producto son las bolitas de miel. Echa una taza de copos de avena sobre papel de estraza o sobre una bandeja y mézclalos con un paquete de coco rallado. Luego vierte un poco de miel por encima y ayúdale a hacer bolitas. Mételas un rato en la nevera y... ¡buen provecho!

HABILIDADES
- observación
- motricidad fina

236

Manos sucias

Realiza este interesante experimento con el pequeño. Pela una patata y córtala por la mitad. Esteriliza dos botes de cristal, junto con sus tapas, y tenlos a mano. Después, deja que juegue durante unas cuantas horas tocando con las manos la tierra mojada. Es importante que las tenga sucias en el momento de comenzar la actividad...

Después, haz que coja un trozo de patata durante un minuto y ponla en un bote con la etiqueta «manos sucias». Pídele que se lave bien las manos, coja el segundo trozo de patata y lo meta en el otro bote. En este tarro pon la etiqueta «manos limpias».

Observa los botes durante unos días: muéstrale cómo el moho de la patata de las «manos sucias» excederá en mucho al moho de las «manos limpias».

HABILIDADES
- formular preguntas
- observación
- plantear una hipótesis
- experimentar
- sacar conclusiones

238

Hojas

A los niños les encanta coleccionar. En su etapa de crecimiento desarrollan las capacidades de observación, comparación, selección y clasificación. La naturaleza nos ofrece objetos perfectos para coleccionar, como por ejemplo, las hojas. Los niños agudizan su atención observando las diferentes formas que éstas adquieren, y comienzan a apreciar el mundo exterior. Coleccionar hojas implica asumir diferentes tareas. No se trata sólo de reunir y clasificar las hojas, sino también de saber de qué árboles proceden.

HABILIDADES
- observación
- hacer comparaciones
- ordenar y clasificar

237

Hacer mantequilla

La fabricación de la mantequilla o del queso servirá para que el pequeño asimile cómo se transforman los alimentos. A partir de un producto tan familiar como la leche se pueden obtener diversos productos.

Para hacer mantequilla sólo usaremos la parte grasa de la leche, la nata. Compra un tarro de nata líquida y llena con ella unos frascos de tamaño medio hasta completar dos tercios de su capacidad. Después, ciérralos herméticamente y agita bien durante 10 o 15 minutos. El líquido acuoso resultante, llamado suero, se separa de la mantequilla cuando ésta se solidif ca. ¡Sírvete y disfruta!

HABILIDADES
- observación
- experimentación
- sacar conclusiones

239

Imprimir animalitos

Una excelente idea para crear una tarjeta de felicitación, calendarios o marcos es la de hacer impresiones con dibujos de animales.
Se necesita corcho blanco y un pequeño rodillo de gelatina –que encontrarás en tiendas de manualidades–, que servirá para imprimir el dibujo en el papel. Las impresiones más llamativas son las realizadas en blanco y negro.
Para empezar, el niño dibujará a lápiz un animalito en el corcho. Luego lo cubrirá con pintura negra, le dará la vuelta y presionará el dibujo contra el papel con el rodillo. Igual que en cualquier impresión, si sacas varias copias a partir de una sola aplicación de pintura saldrán impresiones variadas y muy interesantes.

HABILIDADES
- motricidad fina
- pensamiento imaginativo

240

Las galletas de la abuela

Bate 1/2 kg de mantequilla junto con una taza y media de azúcar, una cucharadita de sal y otra de levadura hasta conseguir una pasta cremosa. Tamiza cinco tazas de harina y bate dos huevos. Añádelos a la mezcla con una cucharada de vainilla y la harina. Deja reposar la masa en la nevera durante una hora y saca la que necesites para llenar la manga pastelera. Pon las galletas sobre papel de hornear y decóralas con cerezas confitadas o virutas de chocolate. Metélas al horno durante diez minutos a 200 °C.

HABILIDADES
- observación
- mediciones
- motricidad fina

242

Para los pájaros

Si quieres atraer a los pájaros, una buena idea es ofrecerles comida. Hay comederos a la venta para aves de varios tipos. Otra idea consiste en esparcirla por el jardín o en la plaza. A las aves que comen semillas (las de pico corto), aliméntalas con avena, palomitas, cebada, migas de pan, cacahuetes y pipas de calabaza o girasol. Los pájaros con el pico en punta comen insectos. No olvides ponerles un poco de agua, tanto para beber como para que se aseen. Un plato llano pequeño, colocado en una zona sombría y recogida, es ideal.

HABILIDADES
- observación
- responsabilidad

241

Macedonia

Otra receta perfecta que podrá hacer con tu ayuda un niño mayor de cuatro años es la macedonia de frutas. Lava muy bien la fruta antes de cortarla. Explícale que hay gérmenes que conviene eliminar y que, por ello, es necesario lavarla antes de comerla.

El pequeño podrá pelar o cortar la fruta con cuchillos de plástico, sin riesgo de lastimarse. Debes darle pedazos pequeños para que los corte él solo, en vez de hacerlo tú. ¡Verás lo diligente que es en esa tarea!

HABILIDADES
- observación
- destreza manual

243

Producir sonidos

Busca cosas en casa con las que se pueda crear sonido. ¿Qué tal si llenas una caja con pequeñas piedras o monedas? ¿O botellas de formas variadas con diferente cantidad de agua y les das golpes suaves? También conseguirás sonido al estrujar distintas clases de papel, como periódicos o papel de seda. ¿Puedes ayudar al pequeño a descubrir estos sonidos?
Un juego divertido consiste en que cierres los ojos mientras él golpea varias cosas (una ventana, la nevera, el suelo…). ¿De dónde viene el sonido? ¿Qué es?

HABILIDADES
- sacar conclusiones
- discriminación auditiva

IDEA

Interpreta una canción conocida con un sonido que hayáis inventado.

244

Queso casero

Enséñale a hacer queso. Deja la leche en un lugar templado durante uno o dos días hasta que se corte. Pon una silla boca abajo sobre una mesa, ata las esquinas de un paño a cada una de las cuatro patas de la silla (servirá para filtrar el queso) y vierte la leche cortada en el centro del paño para que gotee en un cuenco que hayas colocado debajo previamente.
Al final del día el suero se habrá filtrado hasta el cuenco, y el paño estará a rebosar de queso fresco.

HABILIDADES
- observación
- plantear una hipótesis
- experimentación
- sacar conclusiones

245

Recolección de minerales

Se pueden realizar muchas actividades interesantes relacionadas con los minerales. Es fascinante buscarlos, y muy normal que el pequeño quiera tener su propia colección. Puedes ayudarle a crear su caja de minerales.

Para empezar, deberá hacer una lista con aquellos que se encuentran en vuestra zona, para más tarde salir a buscarlos con tu ayuda y la de una lupa. Pensad que no todas las tendréis al alcance; es conveniente pensar qué tipo de piedras pueden hallarse en un parque o monte cercano. Una vez conseguidas, clasificad las piedras por color, tamaño o forma. Tócalas y describe sus características. ¿Son frías o suaves? ¿Tienen grietas, huecos o bordes afilados? Un posible grupo podría ser, por ejemplo, el formado solamente por las piedras blancas y redondeadas; otro por las rugosas y con aristas.

Una vez organizadas, confeccionad la caja donde guardarlas, que podrá ser de cartón o madera, dividida en compartimentos.

HABILIDADES

- observación
- recoger y anotar datos
- ordenar y clasificar
- hacer comparaciones

IDEA

Buscad piedras con formas de animales y pintadlas.

246

Tinte de flores

Para conseguir preciosos tintes naturales con los que pintar sobre papel o sobre tela, reúne dos docenas de caléndulas. Córtales las yemas, pon las flores en una cazuela grande llena de agua y hiérvelas a fuego lento durante aproximadamente dos horas. Retira las flores y añade una taza de vinagre de manzana para fijar el tinte. Cuando se enfríe, podéis pintar con el tinte obtenido delicados dibujos en un marcapáginas, por ejemplo, ayudados por pinceles muy finos.
Para decorarlos, usad tintas al aceite o al agua, después de que se haya secado el tinte natural.

HABILIDADES

- observación
- pensamiento imaginativo
- dibujo y pintura
- coordinación ojo-mano

247

Un jardín de verduras

Te proponemos una idea para construir un jardín de interior entre los dos.
Primero, corta 2 cm de la parte superior de un nabo, remolacha, patata o zanahoria. Asegúrate de que en esta parte quedan algunas yemas verdes. Plántalas en una fuente poco profunda con una capa de piedrecitas. Llena la fuente con medio centímetro de agua y espera a que salgan las hojas.
También puedes poner, en este recipiente, unas cuantas lentejas. Verás cómo, pasados unos días, las lentejas comienzan a desarrollar unos brotes blancos que darán un toque muy bonito a vuestro jardín de verduras.
Procura buscar un lugar estable para tu pequeño experimento, donde las verduras estén bien iluminadas y poco expuestas a una fuente directa de calor o frío.

HABILIDADES

- observación
- plantear una hipótesis
- experimentación
- sacar conclusiones

248

Un panal de rica miel

El proceso de elaboración de la miel es una parte muy importante en el estudio de la apicultura. Con ayuda de un libro, explícale cuál es la función de las celdillas, lugar donde ponen los huevos las abejas dentro de la colmena. En todo caso, siempre será mejor ir a una herboristería a comprar un trozo de panal. Si encuentras una colmena abandonada, tal vez tengas la suerte de tropezar también con un viejo panal.

Algo entretenido y didáctico podrá ser contar el número de lados que tienen, y buscar elementos con formas geométricas en los objetos de casa o del colegio. El niño podrá llevar un trozo de panal allí, para que éste comparta espacio con las figuras geométricas. Será un buen ejemplo para el resto de sus compañeros.

Estaría bien que hicieras tu propia réplica de un panal a partir de un bloque hexagonal. También puedes dibujar o recortar un hexágono en cartulina; el pequeño puede dibujar algunos más y recortarlos después. Finalmente, podéis unirlos como si fuera un verdadero panal.

HABILIDADES
- observación
- figuras geométricas
- coordinación ojo-mano

IDEA

Reproduce con plastilina un panal. ¿Cuántos lados tiene cada celdilla y qué figura forman?

IDEA

Dibujad varias formas de animales. Podéis recrear un zoo.

249

Luz de colores

Para crear luz de colores en una habitación, haz figuras en papel traslúcido, por ejemplo, unas mariposas.

Es una actividad muy sencilla y de sorprendente resultado. Primero, dibujad la silueta de una mariposa en el papel traslúcido; elegid el color que queráis. El niño puede decorarla pintando sobre ella con rotuladores o pegando papel traslúcido de otros colores. Ten en cuenta que en ambos casos, al no pintar sobre una superficie blanca, los colores se mezclarán. Cuando hayáis terminado las alas de la mariposa, ponedle también las antenas. Preparad así varias mariposas, de diferentes colores y tamaños. Después, pegadlas con cinta adhesiva transparente o vinilo en una ventana. Comprobaréis cómo el sol que entra por ésta llega a la habitación y filtra los diferentes colores de las mariposas.

HABILIDADES
- observación
- sacar conclusiones
- imaginación

250

+4

Con cuentagotas

Pon en sus manos un cuentagotas y explícale para qué sirve. Anímale a que pruebe a echar agua sobre diferentes superficies, como la encimera de la cocina, la tabla de cortar o incluso sobre su mano. Pon sobre la mesa varios materiales y haz que vierta gotas de agua sobre ellos. ¿Qué aspecto adoptan las gotas?

Háblale ahora de los materiales impermeables al agua. Para que lo entienda, dispón sobre la mesa papel de aluminio, una esponja, un trozo de plástico, un paño de cocina, un periódico o una cartulina... y anímale a que describa qué sucede al derramar las gotas. Unas se absorberán rápidamente; otras tardarán más tiempo en hacerlo, o puede que simplemente se queden en la superficie.

HABILIDADES
- observación
- experimentación
- sacar conclusiones

251

+5

Una zanahoria colgante

Las actividades relacionadas con la jardinería son muy saludables para los niños. Además de poder realizarlas al aire libre, activan su imaginación con ayuda de la herramienta que mejor conocen y más les gusta: sus propias manos.

Por esta razón, es importante aprovechar su curiosidad innata y la satisfacción que sienten al realizar este tipo de actividad, algo fundamental a la hora de aprender conocimientos complejos, como por ejemplo el crecimiento de las plantas fuera de su entorno natural: la tierra. Para ello, pon en marcha la tarea que te proponemos a continuación.

Vamos a cultivar una zanahoria. Deberás cortar 5 cm de la parte superior, darle la vuelta y vaciarla con un pelador de vegetales. Asegúrate de que en el agujero resultante caben dos cucharaditas de agua. Posteriormente, clava tres palillos de dientes por fuera de la planta, y ata un cordel a cada uno. Rellena el hueco con agua y cuélgala del cordel en una ventana.

De la yema saldrán retoños y hojas, y formarán una planta colgante. Mantén el agujero siempre lleno de agua.

HABILIDADES
- observación
- plantear una hipótesis
- experimentación
- sacar conclusiones

IDEA

Prueba con algún tubérculo como la patata.

252

+5

Buscando animales

Esta actividad puede convertirse en un hábito o una nueva rutina para vuestro tiempo libre: si vais al campo, buscad animales y llevad un diario de campo en el que anotar todas las experiencias que viviréis en cada salida. Además de ser muy enriquecedora para ambos, con el tiempo se convertirá en un recuerdo realmente entrañable.

Tú y tu pequeño podéis salir a buscar animales por el vecindario. Tan sólo podréis encontrar perros y gatos y, por supuesto, pájaros. Sin embargo, el campo ofrece de todo si sabéis cómo buscar. Veréis gallinas, serpientes, lagartijas o ardillas.

Se pueden sacar fotos y hacer dibujos de los animales, y luego hacer un mapa del campo con las especies que habéis encontrado, usando una hoja grande donde pegar las fotos o dibujos, justo en la zona en la que se han encontrado los animales. Si tienes unos prismáticos, deja que observe a través de ellos. Un utensilio alternativo es el tubo de cartón del papel higiénico. Mirar a través de él ayuda a los niños a definir un punto y a discriminar el resto.

Pide al niño que describa las características del animal en una foto pegada en el mapa o en un dibujo: color, tamaño, cuál fue su reacción cuando os acercasteis...

Consultad en los libros de casa, de la biblioteca, o internet. Ello añadirá más información a la que ya tiene.

HABILIDADES
- observación
- recoger y anotar datos

IDEA

Incúlcale el respeto por la naturaleza alterando mínimamente el entorno.

253

+5

Adivinanzas sobre animalitos

Una actividad escrita relacionada con las criaturas de pequeño tamaño consiste en inventar adivinanzas sobre ellas.

Recorta una tira de cartulina de 7x15 cm. Grapa a cada lado de ella dos secciones de papel blanco con cinco o seis trozos en cada sección. Ayúdale a llenar las secciones con pistas de los animalitos, por ejemplo: «Tengo cien pies», «Tejo telas» y «Duermo boca abajo». Después, al levantar el papel aparecerá el animalito que ha dibujado. Deja sitio debajo para alguna frase sencilla, como «Soy una araña». Continúa preparando otras adivinanzas con sus respuestas.

HABILIDADES
- pensamiento deductivo
- dibujo

IDEA

Dibuja tú el animal y que sea él quien plantee la adivinanza.

254

+5

Agua por todos lados

Pregúntale de dónde cree que viene el agua que sale del grifo. Dependiendo de dónde viváis, podéis indagar acerca de la procedencia del agua. Por ejemplo, ¿el agua de tu casa viene de un pozo? Si es así, ¿qué profundidad tiene?; ¿de dónde viene la que está bajo tierra?; ¿adónde van a parar las aguas residuales?

Todas estas preguntas sobre el suministro de agua variarán dependiendo de la edad del pequeño y del resultado que quieras conseguir. Puedes comenzar una conversación acerca de la importancia de las lluvias, o explicarle la diferencia entre el agua dulce y la salada.

HABILIDADES
- formular preguntas
- observación

255

Animales de campo

Si quieres criar un animal del campo en un terrario, las ranas, sapos o salamandras son una opción estupenda. Puedes comprarlos en una tienda de animales.

Asegúrate de que el terrario se parece al hábitat del que proviene el animal. Prepara un acuario de gran tamaño y pon un plato de agua. En el campo, las ranas y los sapos comen insectos, babosas, gusanos o caracoles. Dales de comer todos los días o cada dos días en verano, y con menos frecuencia en invierno.

HABILIDADES

- observación
- responsabilidad

256

Visitando animales

Visita una tienda de animales o el zoo. Si te decantas por la segunda opción, intenta ir en horario de comida de los animales; podrás aprovechar para preguntar a los profesionales cosas sobre los animales. Aun así, en la tienda de animales hay más oportunidades de entrevistar a los cuidadores, suele haber muchas clases de animales y los niños pueden jugar a dividirlos en grupos. ¿Cuántos tipos de peces, cuántos reptiles, roedores o anfibios hay?

Después de observar y preguntar, proponle que haga listas de los animales que ha visto: hábitos alimentarios, características, edad y procedencia.

HABILIDADES

- formular preguntas
- observación
- recoger y anotar datos
- hacer comparaciones

257 +3

Apagar incendios

Los surtidores de agua en el vecindario adoptan la forma de una boca de riego. Explica al pequeño en qué consiste y buscad las que estén más cerca de vuestro domicilio y del colegio. Sería interesante hacer un plano del barrio y señalizarlas.

Enséñale un dibujo de un extintor, cómo funciona y cuándo hay que utilizarlo. Piensa en otros tipos de edificios donde hagan falta extintores. Aunque nunca os hayáis fijado en ellos, son fundamentales para mantener la seguridad del edificio.

También podéis consultar en internet cómo es una estación de bomberos y proponer al profesor una visita a una de ellas. ¿Cómo es un camión de bomberos?; ¿de dónde se obtiene el agua de la cisterna en las ciudades? ¿Y en el campo?

Resultará interesante que habléis de cómo es el equipamiento de los bomberos. Además del casco y los guantes, ¿llevan ropa especial? Cuéntale al pequeño qué características tiene la ropa ignífuga, por qué es imprescindible para los bomberos.

Es una buena ocasión, además, para hablar de los incendios provocados y de cómo hay que cuidar el medio ambiente en nuestras visitas al bosque. Explícale que cuando se produce un incendio en la naturaleza, la zona afectada tarda muchos años en recuperarse.

HABILIDADES
- formular preguntas
- observación
- sacar conclusiones

258 +5

Arcoíris

Aunque sea de manera sutil, el arcoíris está en todas partes; sus colores forman parte de nuestra vida cotidiana. Con tan sólo echar una ojeada a nuestro alrededor, advertimos que la paleta cromática está presente en todas partes: desde nuestros ojos, ropa, hasta en el mobiliario... Para que los más pequeños sean conscientes de que los colores conviven con nosotros, repara en los diferentes tonos de verde que hay a su alrededor. Puedes ayudarle a buscar objetos que contengan los diferentes tonos del arcoíris. Explícale qué colores son, y deja que los busque.

Podéis hacer clasificaciones por colores y apuntar en un cuadro cuántos objetos encontráis de cada uno.

HABILIDADES
- formular preguntas
- observación
- plantear una hipótesis
- experimentación
- sacar conclusiones

259

Atracción magnética

Un sencillo experimento con imanes consiste en buscar objetos metálicos. Reúne una serie de estos objetos: clavos, llaves, clips, grapas, papel de aluminio y tijeras. Pídele que clasifique los objetos en dos grupos: los que son atraídos por los imanes y los que no.

Los niños suelen pensar que un imán atrae cualquier cosa de metal, por lo que este experimento les resultará muy clarificador. Explícale que los imanes solamente atraen objetos de hierro, y que la clasificación deberá hacerse teniendo en cuenta dos grupos: materiales de hierro y metales no férricos (aunque no sea algo muy común, los imanes también atraen el cobalto o el níquel).

HABILIDADES

- formular preguntas
- observación
- experimentación
- sacar conclusiones
- ordenar y clasificar

260

¡Bébete la leche!

Los pequeños saben que la leche que habitualmente tomamos a partir del año procede de la vaca, pero la mayoría probablemente ignorará que, por ejemplo, en los pueblos del desierto la leche de camello es sumamente apreciada. Una amplia porción de la población bebe leche de oveja o de cabra. Un experimento interesante consiste en probarla y compararla con la leche de vaca. No olvides incluir el queso de leche de cabra, un alimento derivado también de la leche.

Hoy en día existe en el mercado una gran variedad de productos lácteos. Elaborad entre los dos una lista de los diferentes tipos de leche que encontréis en el supermercado: leche desnatada, leche enriquecida con calcio, leche con Omega 3... sin olvidar la leche en polvo.

Piensa que la leche no sólo tiene procedencia animal; también existe la leche vegetal, tremendamente saludable. Tal vez encontréis leche de soja, avena o almendras en el supermercado, aunque donde habrá más variedad será en los herbolarios.

HABILIDADES

- formular preguntas
- observación
- pensamiento crítico

261

Bichos con globos

Haz diversos bichitos de papel maché. Necesitas globos de diferentes tamaños y formas, pintura y limpiadores de pipa.

El papel maché se fabrica con harina, agua y periódicos rasgados en tiras. Infla los globos hasta conseguir el tamaño de las diferentes partes del cuerpo de los animalitos que has escogido. Pega los globos con celo; luego, haz una mezcla de harina y agua, y sumerge de una en una las tiras de periódico en ella; a continuación, ve colocando las tiras en el globo. Acuérdate de pasar el dedo por las uniones de las tiras para retirar el exceso de pasta. Alisa el papel con mucho cuidado sobre los globos para que no queden bordes ni huecos cuando esté seco.

Más o menos un día después, pega con celo las patas hechas con limpiadores de pipa y las alas, y luego píntalo todo.

HABILIDADES

- observación
- coordinación ojo-mano
- dibujo y pintura

262

Pompas de jabón

Para hacer pompas de jabón, introduce en una botella un litro de agua y mézclalo con aproximadamente ocho cucharadas de líquido de lavavajillas.

Podéis hacer el aro con una tira de alambre y pegarlo por un extremo a un palito que servirá de asa. También podéis hacer las pompas con pajitas, tubos de bolígrafos vacíos... Introduce el aro en la solución de jabón; comprueba si contiene una película de jabón y sopla con suavidad.

Después, pregúntale: ¿todas las burbujas tienen la misma forma? ¿Qué sucede si tocas la burbuja con el dedo? ¿Qué pasa si primero introduces el dedo en la mezcla jabonosa? ¿En qué dirección flotan las burbujas? ¿Qué colores se ven en su superficie?

HABILIDADES

- formular preguntas
- observación
- experimentación
- sacar conclusiones

264

Cambio de sonidos

Otra actividad para realizar con sonidos es experimentar a qué distancia puede llegar el sonido. Golpea un vaso con una cuchara y ve alejándote del pequeño. Fíjate hasta dónde llegas antes de que deje de oír el sonido. Pídele que se eche en el suelo y pegue la oreja al suelo mientras das golpecitos: ¿qué le parece el sonido? Después haz lo mismo, pero sin que se tumbe: ¿qué diferencia observa? ¿Puede, entonces, el sonido atravesar los objetos?

HABILIDADES
- experimentación
- sacar conclusiones
- discriminación auditiva

263

Paseo por el campo

Un buen método para agudizar la memoria visual consiste en encontrar las parejas de los objetos naturales del exterior. De entre las semillas y flores que tengas en casa, selecciona una o dos, por ejemplo, una hoja de rosa o una castaña, y llevadlas con vosotros de paseo para encontrar su pareja.
Esto te dará la oportunidad de mencionar el nombre de la hoja o la semilla, de fijarte en las semillas que producen los árboles, y además le ayudarás a desarrollar su capacidad de diferenciación.

HABILIDADES
- observación
- discriminación visual
- adquisición del lenguaje

265

Descubriendo las aves

El de los pájaros es un mundo entero por descubrir, que seguramente apasionará al pequeño. Un buen comienzo es que observéis vuestro entorno. ¿Qué aves hay cerca de vuestra casa? Quizá veáis palomas, pájaros comunes y, si vivís cerca de la costa, incluso gaviotas. Recuerda que las cigüeñas anidan en tejados, campanarios... Observad a vuestro alrededor, puede que no hayáis visto nidos de cigüeñas. Después, acercaos a un parque grande y arbolado que haya cerca de casa. ¿Encontráis más aves? Seguro que hay más variedad de pájaros. ¿Y si hacéis una excursión al campo? Allí las posibilidades son enormes. Llevad una cámara fotográfica, pues surgirán múltiples ocasiones de inmortalizar a los pájaros, incluso podéis encontrar nidos y pequeñas crías.

Aprovecha estas salidas para inculcar al pequeño el respeto por la naturaleza. Procurad pasar lo más desapercibidos posible en el campo. Para ello, nada mejor que no dejar residuos y no hacer demasiado ruido. Lo primero contamina el entorno, y lo segundo molesta y ahuyenta a los animales, que están en su hábitat.

HABILIDADES

- observación
- adquisición del lenguaje

266

Prismáticos caseros

Tal vez los niños más pequeños tengan dificultades con el manejo de los prismáticos a la hora de conseguir hacer diana sobre su objetivo.

Si estás buscando nidos o pájaros o te gustaría que el pequeño se fijase en las características de una hoja determinada, usa un tubo de papel de cocina. Al mirar por él disminuye la visión lateral, y por tanto las distracciones, algo que le permitirá centrarse precisamente en un objetivo. Empieza por pedirle que mire su pulgar por el tubo, y también que lo describa. ¿Ve las huellas dactilares? Luego, puede observar una flor, una piedra o un nido. Hablad de lo que ve a través de estos prismáticos improvisados.

HABILIDADES

- discriminación visual
- observación
- dibujo y pintura

267

Hablar de espaldas

Podéis construir un teléfono usando dos botes de metal y un cordón. Conviene tener suficiente cordón para que los niños estén al menos a dos metros de distancia cuando hablen. Deberás perforar los botes por la base e introducir el cordón por ambos para comunicarlos, y éste deberá estar tirante. El metal amplifica el sonido y la idea de estar fuera del alcance de la vista de un amigo y hablar con él por un teléfono casero resulta muy divertida.

HABILIDADES
- experimentación
- sacar conclusiones
- discriminación auditiva
- psicomotricidad fina

268

Diario de animales diminutos

Observar y aprender sobre diferentes criaturas propicia todo tipo de actividades escritas. Si vamos a tener con nosotros durante mucho tiempo algunos animalitos, resulta muy instructivo tener un diario donde se anoten las observaciones. Pueden anotar los hábitos del animal: cuánta manzana consume en una semana el gusano de la harina o cuánto tarda un caracol en recorrer una distancia de 10 cm. Otra posible actividad consiste en calcular, e incluso contar, cuántas orugas hay a la vez en el recipiente, y luego compararlas con las que todavía permanecen vivas unas semanas después. Los niños agudizan con ello su capacidad de observación. Los ciclos de la naturaleza son más significativos cuando los niños los observan y apuntan lo que ven, ya que empiezan a comprender lo que significa la continuidad de las especies.

Cuando los niños experimentan directamente estas transformaciones acaecidas en la vida de los animales, adquieren nociones que pueden trasladar a otras muchas situaciones.

HABILIDADES
- observación
- recoger y anotar datos
- cálculos
- cuentas

270

El agua y las tuberías

Si vives en una zona urbanizada, te será difícil identificar los depósitos de agua. Para conocer su localización exacta, un buen comienzo sería mirar los planos, en concreto, los de tu localidad. Puedes encontrar el depósito que os abastece, y preguntar acerca de su funcionamiento. Contactar con la compañía del agua también ayudará a resolver dudas tales como de qué forma se purifica el agua o cómo se transporta directamente a tu casa. Esto lleva consigo el descubrimiento de las tuberías.

HABILIDADES

- formular preguntas
- observación
- recoger y anotar datos
- dibujo y pintura

269

Ecosistemas

Los árboles tienen la capacidad de crear, mantener y proteger el medio ambiente del resto de seres vivos que vive a sus pies.
Buscad un árbol y mirad con atención la vida que lo rodea. ¿Hay ardillas o nidos en las copas? ¿Hay algún rastro de huecos de pájaro carpintero en la corteza? Buscad insectos y arañas en el tronco, las hojas o en el suelo circundante. ¿Hay hojas caídas? Haced agujeros en el suelo y buscad lombrices de tierra. Comen hojas muertas, así que a menudo viven en hábitats donde hay árboles.
Todos estos seres vivos dependen unos de otros y forman ecosistemas de mayor o menor complejidad.

HABILIDADES

- formular preguntas
- observación
- sacar conclusiones

271

Electricidad

Seguir el recorrido de los conductos de electricidad de la casa es muy interesante. Explica al niño cómo los cables del exterior traen la electricidad al interior. Mirad los postes y los cables. ¿Cómo se reparten en los edificios? Después, pídele que se fije en cuántos objetos de la casa necesitan de la red eléctrica para funcionar. Haz una demostración de lo que sucede cuando salta el automático en el panel eléctrico. Señala también el contador que está en el portal y explica en qué consisten las cifras que miden la corriente utilizada.
Ésta es una buena oportunidad para que habléis de cómo ahorrar energía (y dinero) utilizando menos electricidad en casa.

HABILIDADES

- formular preguntas
- observación
- plantear una hipótesis
- experimentación
- sacar conclusiones

IDEA

Explícale lo peligrosa que puede llegar a ser la electricidad.

272

Emparejar colores

Pide muestrarios de pintura en alguna ferretería o tienda de manualidades. Te serán muy útiles para realizar distintas actividades.
Una de ellas se puede practicar al aire libre. Lleva unos cuantos muestrarios contigo y da un paseo con el pequeño por el campo para ver cuántos objetos encontráis cuyo color coincida con las muestras. Asegúrate de que tienes colores terrosos, sobre todo en otoño, pero lleva también colores más fuertes. En los días más fríos será más difícil encontrar rojo o amarillo en el exterior, pero no imposible. Por supuesto, en otoño escogeréis los rojos, amarillos y naranjas. Debéis fijaros en las tonalidades que tienen ciertas hojas. En verano, lo más sencillo es buscar tonos verdosos o amarillo pálido.

HABILIDADES

- observación
- discriminación visual
- hacer comparaciones
- ordenar y clasificar

273

¿Es plana la Tierra?

El concepto de espacio exterior es demasiado abstracto para el pequeño. A pesar de la ciencia ficción y de los personajes extraterrestres que ve en cómics y películas, todavía le resulta muy difícil comprender el hecho de que la Tierra es redonda.

Se puede demostrar la forma redonda de nuestro planeta jugando con un globo terráqueo. Construye con ayuda del niño unos barquitos de papel para realizar el experimento que proponemos a continuación.

Si la Tierra es redonda y el barquito empieza su viaje en Venezuela, debería aparecer gradualmente por el horizonte desde Nueva York. El pequeño deberá situarlo en América del Sur y dirigirlo hacia Nueva York sin separarse del globo terráqueo. Si el niño se halla en un lateral, lo verá aparecer poco a poco; sin embargo, si la Tierra fuera plana lo vería de forma diferente.

Probad a realizar juntos este interesante experimento. Sólo necesitáis una mesa y el barquito de papel.

Sujeta el barquito por debajo de la mesa y acércalo poco a poco a la parte superior. El pequeño comprobará que el barco aparece al momento: esto sucede porque la mesa es plana. Pregúntale si ocurre lo mismo cuando, en la playa, veis un barco en el horizonte.

HABILIDADES
- formular preguntas
- observación
- plantear una hipótesis
- experimentar
- sacar conclusiones

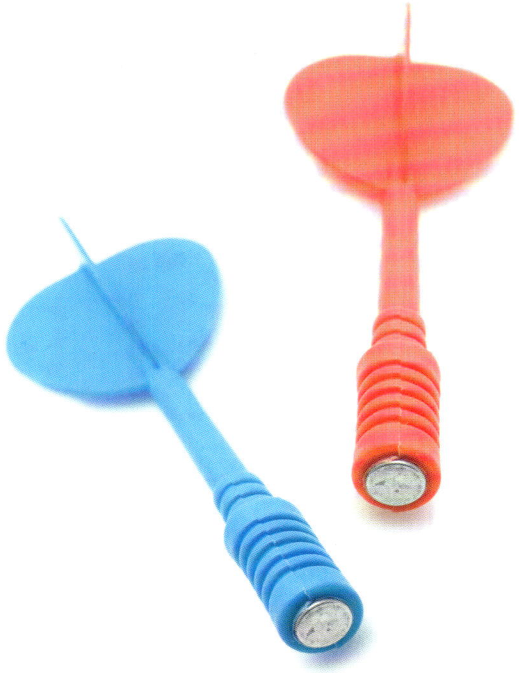

274

Estudio sobre imanes

Explícale al pequeño cómo se usan los imanes. Sujetar las cosas en la nevera con imanes de letras y números nos resulta familiar, pero quizá tenga más juguetes imantados: coches o trenes. Y también hay cierres de puertas o cajas y sujetapapeles magnéticos. Si usas un abrelatas magnético, observa lo que sucede con la tapa después de separarse.

Podríais hacer una lista de las distintas utilidades de los imanes. Si echases alfileres en la hierba…, ¿cuál sería el modo más fácil de recogerlos?

HABILIDADES
- observación
- experimentación
- sacar conclusiones
- pensamiento crítico

IDEA

Haced un dominó con imanes de nevera. ¿A qué distancia debéis colocar las fichas para que no se atraigan?

275

Nidos variados

Para un niño pequeño, descubrir (con ayuda de un libro) que las ardillas construyen a menudo nidos de hojas en lo alto de los árboles es sorprendente, en especial porque conviven con los pájaros que también los construyen.
Para los niños de mayor edad es más interesante observar los nidos con atención, y describirlos. Así, hacen descubrimientos sobre los nidos de los pájaros y sobre las diferencias entre unos y otros. Al mismo tiempo que identifica los animales del vecindario (incluidos los pájaros) o visita el zoo o una tienda, el niño está recibiendo información sobre animales diferentes, y también sobre los nidos que construyen.

HABILIDADES
- formular preguntas
- observación
- hacer comparaciones
- recoger y anotar datos

276

Gamas de colores

Acercaos hasta una ferretería o una tienda de pinturas e intentad conseguir uno o dos muestrarios de colores o muestras de pintura de distintos tonos. Al llegar a casa, recortad todos los cuadrados de colores, mezcladlos y ponedlos en una bandeja. Si tuvieras la suerte de conseguir dos libros de muestras, una actividad sencilla sería desordenar los colores y emparejarlos.
Diferenciar los distintos tonos de un mismo color es una tarea más compleja. Se podría comenzar por hacer mezclas de pintura. Al rojo le puedes añadir unas gotas de blanco e ir aumentando la proporción hasta obtener un rosa pálido. Una vez terminada la prueba, deberás comprobar si sabe diferenciar entre los distintos tonos de rojo.
Esta actividad estimula en él la percepción de colores y matices, y despierta una gran curiosidad por la mezcla de colores y su resultado. Acaba de descubrir que puede crear colores nuevos. Anímale a hacer composiciones con nuevas mezclas que se le ocurran a él. Pero recuerda que el objetivo es familiarizarse con la gama cromática.

HABILIDADES
- ordenar y clasificar
- hacer comparaciones
- experimentar
- sacar conclusiones
- adquisición del lenguaje

277

Pompas con forma

Compra alambre flexible en una ferretería y dobla varios trocitos con diferentes formas. Podrías hacer un ocho, un triángulo o una espiral. Inventa también algunas formas. Después, dile que lo introduzca en un plato llano con una solución jabonosa de agua y lavavajillas, y que sople la película de jabón. ¿Qué formas crean las burbujas?
¿Qué ocurre cuando ve su reflejo en la película de jabón antes de soplar sobre ella? ¿Cuál es la diferencia entre verse en el espejo y verse en la película de jabón? Si un amigo pone su cara detrás de la burbuja de jabón y luego se aleja, ¿le cambia la cara?

Es muy divertido jugar con formas reflectantes. También podéis organizar concursos sobre quién es el que puede hacer la pompa más grande o más pequeña. ¿Cuál es la pompa que dura más tiempo? ¿Hay alguna diferencia en función de si el agua está muy fría, templada o caliente? Practicad diferentes formas con las pompas y, sobre todo, observad e investigad con ellas. Es un modo divertido de poner en práctica las bases de la investigación: observación, comparación y análisis. También podéis hacer una estadística con las características que tienen; puede ser un cuadro comparativo basado en las formas, en el tamaño o en la persona que hace la pompa. ¿Qué conclusiones sacáis?

HABILIDADES
- plantear una hipótesis
- formular preguntas
- sacar conclusiones
- experimentación
- observación

IDEA

Dile al niño que se mire en una cuchara. ¿Cómo se ve?

278

+5

Gotas de agua (1)

Experimentar con gotas de agua es una actividad interesante para los más pequeños. Dile que coja una pajita y un cacito con agua de la cocina. Si la introduce en el agua observaréis que, si la saca tapando el agujero con el dedo, el agua se quedará dentro de la pajita.
Pídele ahora que repita la operación y que, quitando el dedo del extremo, deje caer una gota de agua en una superficie: ¿qué forma tiene el agua?
Proponle que haga una hilera de gotas y estudiad juntos los tamaños. ¿Son iguales? ¿Puede conseguir que la pajita haga cambiar el tamaño de las gotas de agua? Reflexionad sobre estos cambios.

HABILIDADES
- experimentación
- observación

279

+5

Gotas de agua (2)

Haced gotas de agua utilizando para ello otros materiales. Si usáis un alfiler, ¿serían más pequeñas las gotas? ¿Y con mondadientes, tenedores, lápices...?
Experimentad con el tamaño y las diferentes formas que pueden adoptar las gotas. Unid dos gotas.
Si echáis una gota de agua en una página de un periódico, ¿aumenta el tamaño de las letras? Probad juntos a posar las gotas sobre diferentes texturas: un espejo, una superficie de tela, un material absorbente, un trozo de madera con veta. ¿Cómo reaccionan las gotas de agua en cada superficie? Explica al pequeño la diferencia entre materiales permeables e impermeables.

HABILIDADES
- plantear una hipótesis
- sacar conclusiones

280

Grabar sonidos

Consigue una grabadora y captura sonidos habituales de la casa para comprobar cuántos puede reconocer el niño. Prueba con el sonido del agua en el fregadero, la aspiradora o el maullido del gato. Haz chasquear los dedos, cierra con llave la puerta, abre la nevera o arrastra los pies. ¿Le es posible identificar esos sonidos grabados?
Después de intentarlo, quizá le guste grabar diferentes sonidos y que tú los adivines. ¿Sería diferente si se subiera o bajara el volumen? No deis una única respuesta a un sonido, y usad la imaginación en las respuestas.

HABILIDADES
- experimentación
- sacar conclusiones
- discriminación auditiva

281

¿Qué tiempo hace?

Corta una tira de cartulina de 1 m de longitud. Divídela en varias secciones iguales con ayuda de un rotulador. Pégala a la pared y conviértela en un gráfico del tiempo.
Comenta la meteorología diariamente con el pequeño. También puedes leerle la previsión del tiempo que ofrece el periódico o ver la de la tele. Pídele que dibuje símbolos: un sol para los días soleados, un árbol inclinado para los días de viento... Después puede anotar cada día los cambios que observa en una de estas secciones; al final de cada semana, comentad los resultados. ¿Fueron soleados la mayor parte de los días o llovió mucho?

HABILIDADES
- observación
- coordinación ojo-mano
- dibujo y pintura
- hacer gráficos

282

Gráficos de hojas

Podéis hacer ahora un gráfico comparando los tamaños de las hojas. En una hoja grande de cartulina haz cinco columnas. Escribe la palabra «menor» en la primera, y «mayor» en la última. Las intermedias corresponderán a las «medianas». Luego, esparce todas las hojas que el niño haya recogido, y ayúdale a seleccionarlas y a clasificarlas por tamaños.
Recuerda al pequeño que probablemente no todas las hojas se adapten al gráfico, así que ésta es una buena oportunidad para escoger sus favoritas antes de pegarlas en su lugar correspondiente. También es buena idea fijar primero en el gráfico la más pequeña y la más grande. Las medianas requieren un juicio más sutil a la hora de determinar su tamaño; por tanto, un consejo práctico sería colocar primero las que tengan unas dimensiones más evidentes. Aprovecha esta ocasión para fomentar también la creatividad en el pequeño. Juntos podéis armar un cuadro de grandes dimensiones con diferentes tamaños de hojas, bien pintándolas de colores y pegándolas libremente, bien creando una composición.

HABILIDADES
- hacer comparaciones
- hacer gráficos
- ordenar y clasificar

283

Haz un imán

¿Se puede convertir un clavo en un imán? Coge un clavo grande y un imán plano. Toca el extremo del clavo con el imán y frótalos de un extremo a otro durante un minuto aproximadamente. Después, comprueba si el clavo atrae algún clip. Inténtalo con varios clavos para ver si funciona con todos ellos.
Otra observación que podemos hacer consiste en saber cuánto tiempo permanecerá imantado el clavo. Pon el cronómetro y mira el reloj de vez en cuando para comprobarlo. ¿Cuánto tiempo se mantiene imantado?

HABILIDADES
- observación
- plantear una hipótesis
- experimentación
- sacar conclusiones

284

Imanes de animales

Podéis construir imanes para la nevera con la forma de vuestros animales favoritos (u otro objeto relacionado con ellos) con plastilina para modelar. Pensando en 20 animales aproximadamente necesitas 3 tazas de harina, 1 taza de sal fina y 1 taza de agua. Mezcla la harina y la sal y luego ve añadiendo el líquido poco a poco. Amasa hasta obtener una pasta suave y elástica. Dale forma de bola y déjala reposar como 1 hora envuelta en plástico de cocina. Después, estira la masa con un rodillo sobre una superficie enharinada hasta que tenga como medio centímetro de espesor. Dale al niño moldes de galleta con forma de animales o haced vuestros propios diseños. Si hacéis colas largas, tened cuidado: se rompen al secarse. Poned trocitos de masa para las facciones y presionad suavemente. Dejad secar durante toda la noche. Pintadlos al día siguiente con témperas o pintura acrílica. Cuando se hayan secado, pegadles un pequeño imán en la parte trasera.

HABILIDADES
- observación
- pensamiento imaginativo
- coordinación ojo-mano
- dibujo y pintura

285

Información sobre los imanes

Los mayores sabemos que los dos extremos de un imán, donde concentran toda la fuerza de atracción, se denominan polo positivo y polo negativo. Si intentáramos poner en contacto los polos positivos de dos imanes, se repelerían. Sin embargo, si acercáramos el polo positivo al negativo, se atraerían.
Es importante recordar que los imanes pueden perder su magnetismo si son golpeados repetidamente, y que deben alejarse de los televisores y ordenadores. Prueba diferentes experimentos con varios imanes: cuánto peso pueden soportar, si se atraen o repelen debajo del agua, si su magnetismo sigue existiendo con un folio entre ambos polos. Anímale a que anote los resultados en un diario.

HABILIDADES
- observación
- experimentación
- sacar conclusiones

IDEA

¿En qué superficies de la cocina puedes depositar un imán? ¿Y en tu habitación?

286

Investigando sonidos

Realiza una investigación sobre los sonidos. Siéntate en silencio en el interior de casa y escúchalos.

Fíjate en el tictac del reloj. Los niños oyen con más facilidad la bocina de un coche, el ladrido de un perro o a su hermano cantando en otra habitación. Pero los sonidos más sutiles, como el reloj o la respiración, son más difíciles de percibir. En el exterior, probablemente habrá coches, gente hablando, pasos. Pero, ¿y el viento, los pájaros, el susurro de los árboles y de las plantas?

Cuando el pequeño oiga un sonido, pídele que intente describirlo. ¿Es el canto de un pájaro, el chirriar de un coche, el ruido del viento?

HABILIDADES
- observación
- discriminación auditiva
- pensamiento imaginativo

287

Jardines en miniatura

Podéis diseñar un vistoso jardín en miniatura, lleno de flores y abejas. El tamaño más adecuado es el de una caja de zapatos, pero servirá cualquier otra.

Pide al pequeño que pinte la caja y, cuando esté seca, ayúdale a acondicionar el jardín y los insectos. Podéis recortar fotos de flores y pegarlas en la parte trasera de la caja. Quedará muy bien si hacéis flores con papel de seda, papel celofán o con pañuelos de papel.

También se pueden elaborar insectos con cartulina o con plastilina. Para dar el toque final a tu composición, recortad una foto vuestra y colocadla en el jardín.

HABILIDADES
- observación
- pensamiento imaginativo
- dibujo y pintura

288

La lluvia y el suelo

La lluvia penetra en la superficie de la Tierra y llega al subsuelo, donde forma ríos y océanos. Os proponemos un experimento para que descubráis de qué tipo es el suelo que queda empapado por la acción de la lluvia.

Busca dos botellas de plástico y haz agujeros en la base de cada una. Llena la primera sólo con arena, y la segunda, primero con una capa de arcilla en el fondo, y luego con arena. Después, vierte agua en las botellas. ¿En qué se diferencian? Intenta averiguar junto con el pequeño de qué tipo es el suelo que tenéis en vuestra localidad. Si es arcilloso o muy rocoso, influirá en el destino que lleva el curso del agua y en el tiempo que emplea en llegar allí. Haced un agujero en la botella, justo por encima del nivel de la arcilla, y echad agua por él; veréis cómo se originan los manantiales. La arcilla bloquea el agua, que se filtra hacia la superficie formando un manantial. Gracias a este ejercicio, al niño le resultará más fácil analizar la composición del suelo de su población en caso de encontrar un manantial.

HABILIDADES

- formular preguntas
- observación
- plantear una hipótesis
- sacar conclusiones

289

La luz solar

El Sol es la estrella más brillante que se advierte desde la Tierra, ya que es la más cercana a nosotros. Aunque ofrece la mayor energía electromagnética, también puede perjudicar a los seres vivos.

Investiga por qué necesitamos el sol y explícaselo al pequeño. ¿Podríamos vivir sin él? Piensa en los momentos del año en que hay mucho sol, como, por ejemplo, el verano. ¿Qué les sucede a las plantas en esta época? ¿Continúan creciendo los mismos ejemplares en invierno, cuando hay mucha menos luz solar? Habla con él de los desiertos que hay en nuestro planeta, donde el sol brilla intensamente cada día del año. ¿Cómo afecta a las plantas la luz y el calor del sol? ¿Cómo sobreviven las personas en un clima tan árido y en un hábitat tan inhóspito?

Para ver cómo el blanco refleja el calor y el negro lo absorbe, pinta dos latas, una de balnco y otra de negro. Llénalas de agua, ponlas al sol, déjalas un día y mide la temperatura del agua de las latas. ¿Cuál está más caliente?

HABILIDADES

- observación
- plantear una hipótesis
- sacar conclusiones

290

La vida de las plantas

Este sencillo experimento con tres plantas servirá para enseñarle qué necesitan los seres vivos para crecer. Pregúntale antes de comenzar qué cree que necesita una planta para vivir: ¿luz solar? ¿Agua? ¿Tierra? Haz una lista con las respuestas; escoge una, por ejemplo, la luz del sol, y haced un experimento. Plantad unas semillas de crecimiento rápido –como los rábanos– en tres macetas diferentes y colocadlas cerca de una ventana donde reciban la luz del sol. Cuando aparezcan las primeras hojas, traslada una hasta una esquina sombría y otra a un armario. Regadlas con regularidad y observad qué ocurre.

HABILIDADES
- formular preguntas
- observación
- plantear una hipótesis
- experimentación

291

Los árboles del vecindario

Dad un paseo por el vecindario con un lápiz y un papel y dibujad un mapa de vuestra calle y de los árboles que veis. Dibujad también algunos edificios. Los dibujos no tienen que parecerse a la realidad, lo que importa es dónde están. Otro día, pasead con vuestro plano y un libro que tenga información sobre los árboles. Así, podréis identificarlos y escribir en vuestro plano cómo se llaman. Cuando el pequeño compare las hojas, la forma de los árboles y otras características como si son árboles de hoja caduca o perenne, os sorprenderá descubrir cómo aprendéis muchos nombres.

HABILIDADES
- observación
- hacer comparaciones
- recoger y anotar datos
- dibujo y pintura

292

Los sonidos de la madera

Cread sonidos utilizando solamente objetos de madera. Busca algunos de diferentes clases y tamaños. Servirán cucharas de madera, un mortero, cuencos de ensalada, ramas de árboles caídos... Algunos estarán huecos y otros serán macizos; el ejercicio se basa en comprobar si, al golpearlos con una cuchara o con un palo, producen el mismo sonido.
Empapa algunos trozos de madera y luego golpéalos con una cuchara. ¿Se distingue el sonido de la madera húmeda del de la seca?

HABILIDADES
- discriminación auditiva
- experimentar
- sacar conclusiones

293

Recogiendo hojas

Una actividad divertida consiste en recoger hojas y estudiarlas. Si vais un día de paseo, observad cómo cambia el paisaje o las calles cuando han caído las hojas de los árboles. ¿Cómo está el suelo? ¿Y las ramas de los árboles? No os olvidéis de mirar hacia arriba. ¿Queda alguna hoja en el árbol? ¿En qué estación caen del árbol? ¿Puedes emparejar el árbol con sus hojas?
Explica al niño por qué caen las hojas. ¿Son diferentes las hojas del árbol a las que ya se han caído? Pídele que enumere al menos tres diferencias entre ellas.

HABILIDADES
- observación
- hacer comparaciones
- plantear una hipótesis
- sacar conclusiones
- ordenar y clasificar

294

Números con caracoles

Tal vez os interese realizar actividades aritméticas con caracoles: medirlos, por ejemplo, es muy divertido. Sal un día soleado (tras una noche de lluvia) con tu niño a buscar caracoles. Cuando encontréis uno, llevadlo a casa, ponedlo en una bandeja y buscad algo para medirlo. Podrá servir una regla, clips o incluso unas tiras de papel.
No siempre medir un caracol es tarea fácil. Estos animales son muy asustadizos, y por lo general, nunca se dejan tocar. Así, será complicado medir la longitud de su cuerpo y saber cuántos son los milímetros que deja al descubierto en momentos en que necesita estar fuera de su concha, como pueda ser el de la comida, en sus desplazamientos...

HABILIDADES
- observación
- recoger y anotar datos
- medidas

295

Los sonidos del exterior

¿Has pensado alguna vez en grabar los sonidos del exterior de tu casa? Vivas donde vivas, puedes encontrar lugares tranquilos y ruidosos, o grabar los sonidos del mismo lugar en diferentes momentos del día. Los sonidos del tráfico, el ruido de una construcción, la gente paseando y hablando forman parte del ruido ambiental propio de la ciudad, pero si los grabas en una hora punta del día y después el fin de semana, resultaría interesante comparar las diferencias.
En el campo se puede hacer lo mismo, aunque algunos sonidos son más sutiles. Puedes colocar un micrófono en la hierba o bajo un árbol donde haya un comedero de pájaros.
A partir de estas grabaciones, puedes realizar todo tipo de adivinanzas. Imagínate una grabación «estacional» con grillos, máquina quitanieves, barbacoa... o los ruidos de un partido de baloncesto. ¿En qué se parecen y en qué se diferencian los ruidos que hay por la noche cerca de tu casa y los sonidos del mediodía? Escuchar estas cintas agudizará el reconocimiento de sonidos que generalmente se pasan por alto.
Esta actividad le ayudará a apreciar el entorno de una forma menos visual. Prueba a taparle los ojos con un pañuelo, incluso podéis asociar los sonidos y los aromas para deducir en qué lugar estáis: ¿en la cocina, en una parada de autobús, en una heladería?

HABILIDADES
- formular preguntas
- experimentación
- discriminación auditiva
- pensamiento crítico

IDEA

Cread un gráfico que represente el volumen de ruido de diferentes entornos.

296

¡Al rico helado!

Una actividad muy didáctica que ayuda a comprender el cambio de estado de la materia es congelar un líquido. Propón al niño hacer polos de sabores. Para ello, puedes utilizar algún refresco que tengas en casa, o algún zumo, y experimentar con él. Necesitas un molde; puede servir el recipiente de los yogures, por ejemplo, o un vasito de plástico pequeño. Prueba a introducirlos llenos de líquido en el congelador y sacarlos después. ¿Podéis poner los palitos? Ahora, probad a meter los palitos cuando el líquido aún no está congelado y congeladlos después. Esto, por obvio que pueda parecernos, resulta fascinante a los niños.

HABILIDADES
- observación
- experimentar
- sacar conclusiones

297

En el nido

Para aprender cosas sobre las aves, fíjaos en los huevos y en los nidos. Busca con el pequeño en los libros fotos del huevo más grande (el de avestruz) y del más pequeño (el de colibrí). Explícale que muchos huevos adoptan diferentes colores para camuflarse.
Si un huevo está fecundado, dentro de él vivirá un embrión durante tres semanas. Los huevos sin fecundar son los que comemos. Para ver los componentes del huevo, rompe uno (de gallina) sobre una superficie oscura. Cuéntale que, aunque la cáscara es dura, permite que penetre el oxígeno. La clara contiene los nutrientes para el embrión; las partes fibrosas mantienen la clara en su lugar. El diminuto punto rojo es la célula que se convertiría en embrión, si el huevo estuviera fecundado.

HABILIDADES
- formular preguntas
- observación
- sacar conclusiones

298

Museo de la madera

Para entender mejor los árboles, mirad detenidamente la madera. Haced un pequeño «museo de la madera» en casa.
Sobre una mesa, o en diferentes cajas o bandejas, distribuye objetos de madera que hayáis recogido tanto dentro de la casa como en el exterior. ¿Hay palillos de dientes, botones, juguetes, marcos, platos o utensilios de cocina? Estudia de qué tipo de madera están hechos estos objetos y pide al niño que describa sus características. ¿Tiene anillos? ¿Hay nudos donde estaban las ramas? ¿Son unos más suaves que otros? ¿Y los colores? Después de mirar y de hablar sobre estos pequeños objetos, intenta localizar otros más grandes.
Ayúdale a hacer una lista de todas las cosas de madera que hay en casa. Examinad las características de la madera de los muebles. ¿Notáis algún surco? ¿Veis nudos? ¿Sabéis de qué madera está hecha la mesa del comedor? ¿Y la cama, las puertas o el suelo?

HABILIDADES
- formular preguntas
- observación
- recoger y anotar datos
- hacer comparaciones
- ordenar y clasificar

299

Pequeños pájaros

El esqueleto de los pájaros es enormemente ligero; si no lo fuera, les resultaría imposible elevarse por los aires. Además disponen de una molleja para hacer ligera la digestión; con ella trituran semillas y otros alimentos. Haz un experimento. Consigue algunas semillas y ponlas en un recipiente resistente. Después, muélelas con piedras. Explícale que la molleja actúa de modo parecido. Algunos pájaros tragan arena y piedras pequeñas para optimizar el funcionamiento de este órgano.

HABILIDADES
- formular preguntas
- observación
- experimentación
- sacar conclusiones

300

+5

Dibujar animales

Podéis hacer un bingo de animales para utilizar, mientras jugáis, la información que tenéis sobre ellos.

Escoge con el pequeño diez o más animales que le gusten y confecciona cuatro cartones de bingo con dibujos o pegando ilustraciones y fotos de diferentes animales en cada cartón. Asegúrate de que cada uno tiene nueve dibujos, una distribución de animales diferente y algún que otro animal que no haya en el resto de los cartones. Después, haz una lista de pistas sobre animales o descripciones de cada animal representado.

Cuando el juego esté preparado, haz que un niño (o un adulto) lea las pistas. Si el niño tiene ese animal en su cartón, puede poner un botón sobre el dibujo. Ganará la primera persona que rellena el cartón.

HABILIDADES

- recoger y anotar datos
- pensamiento crítico
- adquisición del lenguaje

IDEA

Podéis agrupar los animales por zonas geográficas del planeta, por especies, tipo de alimentación...

301

+4

Colección de hojas

Esta actividad ayudará al pequeño a identificar hojas en cualquier estación. Da un paseo con él un día apacible; durante el camino, proponeos recoger un mínimo de cinco o seis tipos diferentes de hojas. Cuando regreséis a casa, ayúdale a trazar el contorno de estas hojas en un trozo grande de papel.

Dependiendo de lo que te interese hacer o de la edad del niño, intenta identificar las distintas características de cada hoja. Observad cuántas puntas tiene cada una, si son lisas o rugosas, y otros rasgos que las puedan diferenciar.

También podéis calcar las hojas con un papel de calco o de carboncillo. Si tiene entre tres y cuatro años, esta actividad le resultará fácil y entretenida.

Después, anímale a formar una colección de hojas; puede seleccionar las que más se ajusten al tamaño del papel donde las vaya a coleccionar. Si quieres que las hojas duren más tiempo, prénsalas dentro de un libro grueso. También podéis rociarlas con laca (la que se usa para el pelo vale perfectamente), o aplicarles una fina capa de barniz. De este modo, las hojas se conservarán mejor.

HABILIDADES

- hacer comparaciones
- observación
- ordenar y clasificar

302

Pesar un caracol

Las actividades relacionadas con el peso son de gran interés para los niños y les proporcionan las primeras nociones sobre cómo comparar pesos. Es divertido utilizar diferentes clases de básculas. Pide al niño que ponga en un platillo de una balanza unos botones, garbanzos o céntimos, y un caracol en el otro. El niño calcula primero cuántos garbanzos cree que pesa el caracol y luego descubre la cantidad real.
Con el tiempo, el pequeño aprenderá a distinguir pesos y tamaños de manera visual, por aproximación.

HABILIDADES
- recoger y anotar datos
- medidas
- hacer comparaciones

303

Poder magnético

Con el corcho de una botella de vino, clava un palillo decorado, como en la imagen, con una vela de papel. Adhiere un clip o una chincheta en la parte opuesta al mástil del barquito y ponlo en un recipiente con agua. Pide al niño que acerque un imán al recipiente para que vea cómo se mueve. La fuerza del imán atraviesa los materiales.
Prueba con un trozo de madera, cartulina, plástico o arena. Cubre un clavo, puesto en un cuenco, con arena, e intenta pescarlo con un imán. ¿Aparece en la superficie? También puedes poner un clip en un vaso de agua. ¿Conseguirá sacarlo el imán sin que lo toques?

HABILIDADES
- formular preguntas
- observación
- experimentación
- sacar conclusiones

304

Polos imantados

El efecto de los imanes resulta fascinante para los más pequeños. La posibilidad de mover objetos sin una fuerza directa y visible que los propulse es incomprensible para ellos. Todos los experimentos que puedas realizar en este campo son muy interesantes para el pequeño, y de gran utilidad para ayudarle a comprender la actuación de estos minerales.

Esta actividad sirve para demostrar que los imanes son más fuertes en los polos. Distribuye aleatoriamente muchos clips en una caja; después, pide a tu niño que coloque una barra imantada en la caja con los clips.

Ahora pídele que observe lo que ocurre y reflexionad sobre ello. Guíale en las posibles respuestas para que halle la expliación de una forma lógica. ¿Qué sucede cuando se quita el imán? Habla de lo que ves y explica lo que compruebas. Si el niño quita todos los clips e inmediatamente pasa un clip a lo largo de la barra imantada, descubrirá mayor fuerza en ambos polos.

Intenta conseguir algunos imanes de diferentes formas para experimentar con ellos. Independientemente de la forma, descubriréis que la atracción más fuerte está en los extremos.

HABILIDADES
- formular preguntas
- observación
- experimentación
- sacar conclusiones

IDEA

Moved los clips con el imán para crear figuras.

305

Observando a los pájaros

Observar aves es realmente interesante. Si quieres aprender a observarlas, deberás documentarte sobre las que pueblan tu zona. Tomar contacto con alguna asociación de ornitología es una buena alternativa para disfrutar de esta actividad. Si vives en la ciudad, los museos de historia natural cuentan con grupos organizados que se adentran en la naturaleza para observarlas; si estás en el campo, tal vez tengáis cerca un observatorio de aves, donde a menudo se reúnen expertos ornitólogos: pregúntale cómo son los avistamientos de pájaros.

Haz una lista de aves y escoge una o dos. Investiga en un libro de aves para niños y luego salid a buscarlas. O quizá al revés: localiza algunos pájaros, recuerda sus características y luego intentad identificarlos en algún libro. Si buscáis un búho, las bolitas excrementicias bajo de su percha (llamadas egragópilas, que no son sino la piel y los huesos regurgitados de los roedores) son muy buena pista. Tal vez sea más sencillo que un ornitólogo os ayude a encontrarlo.

HABILIDADES
- formular preguntas
- observación

306

+5

Presentación de un caracol

De todos los animales pequeños que pueblan un jardín o una huerta, el más prolífico es el caracol. Estos moluscos ejercen una poderosa atracción sobre los niños, probablemente por su aspecto, su tamaño y la facilidad con que pueden manipularse. Busca documentación sobre los caracoles y comenta sus características con el pequeño. Por ejemplo, cómo el hilo mucoso o baba, debido a su desagradable sabor, los ayuda a desplazarse y a ahuyentar a los enemigos (sabe muy mal); dónde se encuentra la nariz, qué comen (principalmente plantas verdes); cómo son a la vez una ayuda y una molestia para el hombre...

Después, salid juntos y buscad caracoles. Recoged algunos y, ya en casa, ponedlos en un terrario provisto de tierra, rocas y plantas. Acuérdate de mantener el fondo húmedo en todo momento. No dejes pasar esta ocasión para concienciar al pequeño de la responsabilidad que supone llevar un animal a casa. Ayúdale a crear una rutina de alimentación e higiene del terrario de sus nuevas mascotas.

HABILIDADES
- observación
- formular preguntas
- sacar conclusiones

307

+5

Plumas y huesos

Los pájaros son animales muy curiosos. Todo en ellos suscita el interés de los más pequeños. Por ejemplo, además de tener una agudeza visual inaudita, cada ojo cuenta con una óptica independiente. La forma del pico revela cómo es su alimentación, crucial a la hora de identificarlos.

Imagina cómo vuelan las aves. Aunque las alas y las plumas son fundamentales, no lo son menos los huesos, la mayor parte de los cuales son huecos y, por lo tanto, muy ligeros.

Si vas a la playa, no te será difícil encontrar esqueletos de aves, en especial cabezas de gaviotas. Examinar los huesos ayuda a que el niño vea lo ligeras y fuertes que son.

HABILIDADES
- observación
- pensamiento crítico

308

Reloj de arena

Os proponemos la construcción de un reloj de arena de una hora o un minuto. Llena una botella de plástico transparente con arena. Ten otra botella vacía cerca. Consigue un corcho que se adapte fácilmente a la boca de las dos botellas.

Ayuda al pequeño a hacer un agujero en el centro del corcho con un trinchador de metal o un clavo largo. Introduce luego el corcho en la botella llena de arena y ajusta la botella vacía al otro extremo del corcho. Coloca las botellas en vertical, con la botella llena en la parte de arriba, y comprueba con tu reloj cuánto tiempo pasa hasta que se llena de arena la botella de abajo. Probablemente tendrás que ajustar el agujero del corcho al tiempo que quieres que mida el reloj de arena.

Para hacer una versión reducida de tu reloj, utiliza dos botellines pequeños y un corcho, que deberás tallar con un cuchillo hasta que ajuste.

HABILIDADES
- observación
- la hora
- experimentar
- sacar conclusiones

IDEA

Piensa en actividades que duran una hora. ¿Y un minuto?

309

Relojes de agua

Los niños pueden crear sus propios artilugios para medir el tiempo de distintas maneras.

Para hacer un reloj de agua, llena una palangana con agua, coge luego una bandeja de plástico y hazle un agujerito en el centro con una aguja. Introduce la bandeja en el agua y observa cuánto tiempo tarda en hundirse. Intenta que coincida con el tiempo transcurrido en un reloj normal y ve adaptando el agujero hasta que la bandeja tarde una hora exacta en hundirse por completo. Éste es un modo divertido de que el niño cronometre algo. Proponle algo como: «Venga, mete la bandeja en el agua y ponte a hacer los deberes; cuando se haya hundido, podrás salir a jugar».

HABILIDADES
- observación
- experimentar
- sacar conclusiones
- la hora

310

Relojes de sol

Las sombras nos ayudan a descifrar qué hora es de manera diferente. Explica al pequeño qué es un reloj de sol, cómo se utilizaba y que, en una época determinada de la historia, era la forma más fiable de saber qué hora era en cada momento. Puedes construir tu propio reloj de sol en una zona exterior con un palito y algunas piedras.

Para empezar, sincroniza las horas del reloj de sol con tu reloj de pulsera. Clava el palito en el suelo en un lugar despejado. Cerciórate de que es un día soleado: el inconveniente de un reloj de sol es que solamente funciona cuando la luz del sol es suficientemente fuerte como para crear sombras. Luego, compara el reloj de pulsera con la sombra que produce el palito. Coloca una piedra donde está situada la sombra y escribe una hora en ella. Asegúrate de que la piedra horaria esté en la misma posición que en la esfera del reloj. Comprueba la sombra cada hora. Si no puedes hacerlo cada hora, rellena los huecos cuando puedas. El resultado será un círculo de piedras que nos dicen la hora.

Las horas que marca este reloj serán exactas sólo durante un día, porque el sol incide en la Tierra desde un ángulo distinto cada jornada.

HABILIDADES
- observación
- experimentar
- recoger y anotar datos
- la hora

311

Sombras

Una forma de familiarizarse con las diferentes fases de la luz y con el paso del tiempo en cada una de las estaciones está en observar el sugerente universo de las sombras. Cuanto más cerca del Sol se halla el objeto, más grande es la sombra que proyecta. Si este objeto bloquea la luz, también crea una sombra. Podemos concluir que, según la posición del sol en el cielo, las sombras tienen diferentes tamaños y posiciones.

Haz la prueba: en un gran trozo de papel –o con tiza en una acera o carretera–, perfila la sombra del niño por la mañana, al mediodía y por la tarde. Anota la hora cada vez y mídelas. ¿Cuál es la más grande? ¿Se han movido?

En realidad, la comprensión de qué es una sombra y qué la produce es algo complejo que no comienza a entenderse hasta los cinco años. Sin embargo, hay otras actividades adecuadas para los más pequeños. En una habitación, coloca una lámpara iluminando una pared e interpón tu mano entre la fuente de luz y la pared. Después, intercala otros objetos y pídele que los adivine. Si al ver su sombra no es capaz de responder, ayúdale ofreciéndole alguna otra pista.

HABILIDADES
- observación
- plantear una hipótesis
- sacar conclusiones

312

Sonidos del campo

Si vives en el campo o incluso en una urbanización, quizá sea interesante que el niño escuche unos cuantos sonidos de exterior que solemos pasar por alto. Si vives en un entorno urbano, acercaos un día a un gran parque que tengáis cerca de casa. Podéis grabar los sonidos del canto de los pájaros por la mañana o por la tarde, sobre todo en primavera o verano, que es cuando hay más actividad. Si tienes agua cerca, ¿crees que es posible escuchar los sonidos que produce? ¿Y el viento, el sonido de los árboles, las ramas moviéndose?
Ayúdale a hacer comparaciones de sonidos por la mañana o por la noche o en condiciones atmosféricas diversas. Te sorprenderá comprobar que percibe más cosas si presta atención a los sonidos.

HABILIDADES
- experimentación
- discriminación auditiva
- pensamiento crítico

313

Pollo en la mesa

Probablemente al pequeño le guste el pollo, como a la mayoría de los niños. Puedes aprovechar la hora de la comida o de la cena para explicarle algunas partes de esta ave, como los muslos o las alas. Podéis examinar algún hueso y comprobar si están completamente huecos o sólo en alguna parte. ¿En qué se diferencian unos de otros? Otra actividad interesante, también reservada a la comida o la cena, consiste en comparar un hueso de pollo con otro de ternera o de cordero, y observar las grandes diferencias entre ambos animales. La actividad se vuelve más interesante aún si también comparamos las espinas de los peces.

HABILIDADES
- formular preguntas
- observación
- hacer comparaciones

314

+4

Tal para cual

Ciertas actividades ayudan tanto a desarrollar las destrezas de discriminación visual como a reforzar el conocimiento del pequeño sobre materiales de la naturaleza.

De su colección de semillas u hojas, escoge seis o más y ponlas en una bandeja. Sin que él te vea, esconde la pareja de cada una por toda la estancia. Pídele que se fije en lo que hay en la bandeja durante aproximadamente un minuto; escóndela luego y dile que busque sus parejas. Cuando encuentre algo, anímale a decir el nombre y a describirlo: «Encontré la hoja de eucalipto».

HABILIDADES
- observación
- discriminación visual
- adquisición del lenguaje

315

+5

Un megáfono casero

El volumen e incluso el sonido de nuestra voz cambian cuando los amplificamos. Para comprobarlo, basta con fijarse en las ocasiones en que alguien habla con un megáfono, en una manifestación o en una concentración deportiva, por ejemplo. Este mismo ejercicio podéis realizarlo en casa de una forma muy sencilla. Sólo tenéis que construir un megáfono casero con una cartulina grande. Enrolladla como un cono y pegad con celo el extremo para que no se abra. Después, anímale a que hable a través del cono: actuará como un megáfono.

HABILIDADES
- experimentación
- sacar conclusiones
- discriminación auditiva

316

Terrarios

Si construyes un terrario en un recipiente de vidrio, cubre el fondo con gravilla, arena o una capa de cantos rodados. Puedes utilizar el suelo del bosque o comprar tierra para plantas para crear el manto. Añade entre 5 y 7 cm de tierra. Luego, pon pequeñas piedras que den un aspecto natural al terrario.

Observa la variedad de plantas pequeñas del suelo y fíjate en las desigualdades del terreno. En un bosque en miniatura se pueden incluir una o dos pequeñas colinas y algunas ramitas.

HABILIDADES
- observación
- pensamiento imaginativo
- coordinación ojo-mano

317

¿Qué es lo que suena?

Ésta es una actividad para probar la capacidad deductiva de tu hijo a partir de un sonido. Véndale los ojos y deja caer uno de ellos al suelo. Reúne objetos que suenen de forma diferente al chocar.

Será un ejercicio muy provechoso para él. Prueba con una goma de borrar, una pelota, una almohada; con una moneda de 50 céntimos o una de 1 euro. ¿Es posible diferenciar ambos sonidos y decir de qué moneda se trata? Quizá no, pero si practicaseis sin taparos los ojos, os familiarizaríais con ellos y podríais diferenciarlos.

HABILIDADES
- formular preguntas
- experimentación
- sacar conclusiones
- discriminación auditiva

318

Para desarrollar en el niño el sentido del gusto, puedes vendarle los ojos y jugar a que adivine qué está comiendo.
Servirá todo tipo de comida; tan sólo deberás asegurarte de que los sabores son variados. Si os gusta el ajo, un trocito pequeño será una buena opción; también una muestra del pescado que cocinéis. No olvides incluir un poco de azúcar, sal o incluso chocolate. ¿No ver la comida afecta a la capacidad de saborearla? Haz que se tape la nariz y prueba con la misma comida después de quitarle la venda.

HABILIDADES
- experimentación
- sacar conclusiones

IDEA

Haz que describa la textura de lo que come.

319

Test del olfato

Guarda vasos de yogur y lávalos bien. Después, introduce en ellos cualquier alimento: un poco de queso, virutas de chocolate, un trozo de manzana, de plátano o un poco de atún enlatado. Cubre la parte superior de cada vasito con un paño grueso (un paño de cocina servirá) y pon una goma alrededor. Después, probad a oler el contenido de cada vasito. ¿Cuántos alimentos podéis identificar?
Otra opción es utilizar sustancias no comestibles, como hierba, tierra, jabón o betún. Probad con distintos miembros de la familia y reparad en el grado de desarrollo de cada uno.

HABILIDADES
- experimentación
- sacar conclusiones

320

Trotamundos

El niño posee un conocimiento del mundo que parte de sí mismo y de su relación con el entorno más inmediato. Su casa, la escuela, el parque, como mucho la ciudad. Es probable que incluso si os desplazáis dentro de la misma ciudad, el pequeño no tenga la capacidad de relacionar el entorno en el que vive con la ciudad en la que se encuentra. La sensación se hace aún más evidente cuando os trasladáis de un sitio a otro. Si, por ejemplo, vais a visitar a unos familiares que viven en otra localidad, seguramente reconocerá ese espacio como «la nueva ciudad». Por ejemplo, si vivís en Madrid y visitáis a unos familiares en Santander, es muy probable que el niño piense que la casa de vuestros familiares se llama Santander. También podrás comprobar que cuando desee ver a esos familiares, sugerirá la idea de ir en el momento, sin tener en cuenta la distancia, por larga o corta que sea, o el tiempo que se tarda en llegar hasta allí. Todo esto son ejemplos de cómo los más pequeños perciben su entorno.

Una actividad que podrá ayudarle a ampliar su visión espacial consiste en observar un mapa. Sitúa dentro del mapa la ubicación más exacta posible de la ciudad donde vivís y de otras ciudades que visitéis con mayor o menor frecuencia, pero que sean familiares para él. Esto le ayudará a percibir que son entornos distintos. También puedes ubicar en un globo terráqueo los países o ciudades que reconozca, bien porque habléis de ellos en casa bien porque en ellos se desarrollen algunas de sus historias favoritas.

Lo importante es señalar varios puntos conocidos para él en el globo, para que pueda percibir que existe distancia entre ellos.

HABILIDADES

- formular preguntas
- observación

IDEA

Explícale que el color azul corresponde al mar. Señalad en el globo las playas que hayáis visitado.

321

Tu árbol en crecimiento

Buscad juntos en el vecindario un árbol que despierte su interés. Podría estar en un parque, delante de casa o en el patio de atrás. Cuando lo hayáis escogido, preparad un cuaderno de campo sobre él y haced un dibujo. Esto lo puede hacer un niño de cualquier edad. El dibujo no tiene que ser representativo; el niño puede observar cosas que no sabe plasmar todavía en el papel.

Haced este dibujo en cada estación del año. No hace falta que sea muy detallado, aunque es preferible que en cada dibujo varíe el color, la cantidad de hojas... Escribid la fecha y alguna frase sobre el árbol, por ejemplo: «Tiene un nido», «es el árbol más grande» o «el tronco es muy suave». Si es posible, pegad una hoja en el libro y cubridla con papel adhesivo. Buscad también el nombre del árbol. Intenta ayudarle a identificar el árbol buscando en algún libro o en internet.

HABILIDADES
- observación
- recoger datos
- dibujo y pintura

IDEA

Haced el seguimiento de varios árboles con el fin de compararlos.

322

Tu árbol en los meses de otoño

Dibujad el árbol en los meses de octubre y noviembre, y anotad las fechas en la parte superior. Pegad una hoja de cada mes y cubridla con papel adhesivo. En esta ocasión, podéis buscar las diferencias entre ambas hojas y estudiar el resto del árbol. ¿Hay muchas hojas en el árbol en octubre? ¿Observáis que hay menos en noviembre?

Escribid todo lo que veáis. Si en noviembre no hay ninguna hoja, intenta que tu pequeño dibuje una rama además del árbol. Examinad una rama y mirad los brotes. ¿Cómo estará cuando haga calor?

HABILIDADES
- observación
- recoger y anotar datos
- hacer comparaciones
- dibujo y pintura

323

Tu árbol en invierno

Volved a dibujar el árbol en diciembre, enero y febrero, y anotad la fecha en la parte superior del dibujo. Cada vez que lo observéis, debéis escribir qué diferencias apreciáis en su diferentes partes. Aunque en estos meses el clima sea más o menos igual, siempre es posible detectar ciertos cambios.

¿Qué aspecto tiene la corteza con nieve o cuando está mojada? Aunque sea invierno, ¿veis algún pájaro? Después, concentraos en las ramas y en los brotes. Al observar el dibujo de diciembre, comprobad si los brotes tienen un aspecto diferente en febrero.

HABILIDADES

- observación
- hacer comparaciones
- recoger y anotar datos

324

En primavera y verano

En marzo, cuando dibujéis el árbol, mirad cuidadosamente los brotes. ¿Qué diferencia hay con los de enero? Dibujad una ramita que veáis por primera vez para que el niño la reproduzca más tarde, cuando vaya cambiando. En abril y mayo, escribe los cambios que tienen lugar en el árbol. ¿Hay inflorescencias? ¿Qué pasa cuando se caen? ¿El árbol en flor produce mucha sombra? ¿Hay insectos trepando por él? ¿Y pájaros? ¿Crece algo bajo él?

En verano quizá podáis protegerlo, especialmente si está en la ciudad. Levantad una pequeña valla para mantener alejados a los perros, y plantad flores alrededor.

HABILIDADES

- observación
- hacer comparaciones
- recoger y anotar datos

325

Tu globo terráqueo

Para hacer vuestro propio globo terráqueo, infla un globo grande. Rasga papel de periódico en tiras verticales y prepara una pasta con harina y agua en un cuenco. Introduce una tira de periódico en la pasta, sostenla con la mano sobre el cuenco y elimina con los dedos la sobrante. Luego, coloca las tiras sobre el globo y alísalas. Deja sin cubrir el extremo, para que después se pueda colgar de un hilo. Cuando el papel se seque (en un día o dos), dibuja los continentes. No es necesario que seas muy exacto. Después podéis pintar todas las islas pequeñas que queráis. Deja los mares para el final. Sugiere al pequeño que escriba con rotulador algunos nombres. Por último, cuelga el globo de un cordel en algún lugar donde se mueva con alguna corriente de aire.

HABILIDADES

- observación
- formular preguntas
- coordinación ojo-mano
- dibujo y pintura

326

Un bosque en miniatura

Podéis crear un terrario húmedo con un pequeño depósito de agua en su interior. Para ello, buscad las plantas en floristerías, invernaderos o incluso en tiendas de animales. Colocadlas en el terrario cuidadosamente y aseguraos de que tienen humedad suficiente y están alejadas del sol directo. No cojáis líquenes ni musgo de la naturaleza: enseña al niño que hay que respetar los bosques.
Además, necesitáis una tapa de cristal para el terrario; de este modo las plantas permanecerán húmedas. Aun así, no lo cerréis completamente, ya que podría aparecer moho.
Aprovecha esta actividad para fomentar en él la responsabilidad y la disciplina de cuidar lo que él mismo crea.

HABILIDADES

- observación
- pensamiento imaginativo
- coordinación ojo-mano

327

Buscando animalitos

De sobra conoces la pasión y fascinación que los niños sienten por cualquier ser vivo. Lagartijas, caracoles, escarabajos, hormigas, mariposas... todo ellos despiertan en ellos una gran curiosidad.

Sería interesante realizar una excursión al campo para observar de cerca todo tipo de pequeños animalitos, sin molestarlos, de modo que fomentéis siempre en los niños el respeto a la naturaleza y a todos los animales que habitan el planeta.

Consigue una lupa, por ejemplo, y siéntate con tu niño en unas escaleras, en el césped o en un camino del bosque. En cuanto veáis un pequeño animal al alcance de vuestra mano, enfocadlo con la lupa y observad cómo se mueve. El pequeño puede hacer un sencillo dibujo de una araña, contar sus patas, estudiar su tamaño, hacerle una foto.

También podéis observar mariposas. Estos insectos son tremendamente delicados, por eso tiene especial interés poder contemplar alguno. Lo primero sería fijarse en su aleteo y en los breves recorridos que hacen al volar, interrumpiendo con frecuencia su vuelo para posarse en cualquier sitio. Después, si tenéis suerte y veis alguna mariposa a vuestro alcance, fotografiadla con el zoom.

Seguid el rastro de un grupo hormigas hasta encontrar el alimento que andan buscando. Si tienes ocasión, enséñale cómo es el interior de un hormiguero con ayuda de algún libro o buscando en internet.

HABILIDADES
- observación
- recoger y anotar datos
- sacar conclusiones

328

Un terrario en una botella de cristal

Para hacer un terrario servirá cualquier recipiente de cristal o plástico: desde peceras hasta botes grandes de aceitunas o botellas de refresco de litro y medio.

Después de lavarlo y secarlo completamente, colocad cantos rodados o pequeñas piedrecitas que hayáis encontrado, y encima otras de mayor tamaño, alguna ramita seca y semillas. Podéis añadir una corteza de árbol. Sería estupendo incluir una alguna lagartija. Recuerda dejarla en libertad pasados uno o dos días, a más tardar. También podéis incluir algún escarabajo. Alimentadlos y observad sus movimientos y costumbres. Al principio se moverán constantemente, pero poco a poco se irán aclimatando a su nuevo hábitat.

Tapa la botella de plástico transparente –puesta boca abajo sobre las plantas– y deja el terrario en una ventana donde le dé el sol. Demasiado sol no le beneficia, pues con el vidrio puede aumentar excesivamente su temperatura. Será mejor que le dé directamente el sol de la primera o última hora del día.

HABILIDADES
- observación
- pensamiento imaginativo
- coordinación ojo-mano

329

Una maravilla de charcos

Los charcos resultan apasionantes a los niños. Salid a dar un paseo después de un día lluvioso. Enseguida encontraréis alguno donde observar, por ejemplo, las cosas que se reflejan en él: el cielo, los árboles... Fíjate en las formas que adquiere el agua cuando se lanza una piedra. Experimenta con objetos que flotan en el agua: hojas, ramitas o piedras. Si el día está despejado, pídele que dibuje un círculo alrededor del charco con una tiza. Volved al final del día y comprobad los cambios. Explícale de forma sencilla que la evaporación significa que el agua desaparece en el aire, algo similar a lo que le ocurre a la ropa tendida.

HABILIDADES
- observación
- experimentación
- sacar conclusiones

330

Conocer la madera

Aprovecha cualquier actividad de bricolaje con madera que tengas pendiente en casa, como colgar un perchero, arreglar un cajón o lijar una tabla. Hay muchas cosas que el pequeño puede aprender sobre la madera si está en contacto con ella. ¿Dónde se consigue la madera y cómo se convierte un tronco en un tablón? ¿Qué tipo de árboles o de madera existen? ¿Qué diferencia hay entre la madera de árboles de hoja perenne, como el pino, y la de roble o castaño? Anímale a que te ayude con la madera. Buscad también qué juguetes tiene de este material: algún muñeco, puzles, trenes...

HABILIDADES
- formular preguntas
- observación

IDEA

Visitad un almacén para que conozca el proceso de transformación.

Desarrollo físico

Actividades para el desarrollo físico

Los niños se desarrollan completamete como individuos al integrar sus sentidos, su mente y su cuerpo en todas las actividades que llevan a cabo. El desarrollo físico en los niños pequeños se percibe a cada instante, y el hecho de que sean capaces de dominar las tareas físicas y usen su cuerpo como recurso es crucial para que se despierte en ellos un sentimiento de competitividad.

Tener éxito en las actividades que favorecen tanto la motricidad fina como la gruesa es tan necesario para un niño pequeño como desarrollar destrezas sociales o adquirir vocabulario. Algunas de las actividades de esta sección se basan en ejercicios de aprendizaje de coordinación ojo-mano.

La pedagoga italiana Maria Montessori comprendió que los niños persiguen por naturaleza el orden en su mundo y que las actividades que atraen tanto su mente como sus sentidos son especialmente valiosas. Imitar a los adultos y utilizar materiales propios de éstos son también pasos importantes en su crecimiento.

Aunque a veces dominar la coordinación ojo-mano básica lleva tiempo, los niños obtienen gran satisfacción al repetir las cosas; al hacerlo, se consigue que aumenten tanto su concentración como su confianza.

331

+3

Cambiar agua con la esponja

Al pequeño le encanta jugar con el agua. Aprovecha este interés para enseñarle nociones complejas, como la del volumen. Para ello, usa dos cuencos de tamaño mediano colocados justo uno al lado del otro. Llena uno con agua hasta la mitad. Coge una pequeña esponja, que se adapte al tamaño de su mano, y pídele que la ponga en el agua; después deberá cogerla y esperar a que deje de gotear antes de pasarla al cuenco vacío, donde escurrirá el agua.

Una variante consiste en poner en el cuenco únicamente la cantidad de agua que la esponja puede absorber, aunque en este caso tendrás que probar primero para calcularlo. Cuando el agua esté en el segundo cuenco, invierte el proceso. Explícale, de forma que pueda entenderlo, cómo actúa la esponja al absorber el agua y luego expulsarla.

HABILIDADES

- coordinación ojo-mano
- observación

332

+5

Enhebra una aguja

Para ayudar a desarrollar la coordinación ojo-mano y la motricidad fina, una actividad excelente es aprender a enhebrar una aguja. Compra una sin punta y de gran tamaño en una tienda de manualidades y busca hilo grueso de colores o lana. Pídele que haga un bucle con el extremo del hilo sobre el ojo de la aguja y que lo empuje a través de él con el pulgar y el índice.

Otro modo consiste en tirar del extremo del hilo a través del ojo de la aguja. No es imprescindible hacer un nudo en el otro extremo; así podréis sacar el hilo y probar de nuevo.

HABILIDADES

- coordinación ojo-mano
- experimentación

333

+3

Ensartar golosinas

Las actividades de ensartar objetos ayudan a fortalecer la motricidad fina. Un ejercicio interesante es atar macarrones o golosinas de diversos tamaños.

Usa un trozo de bramante cuyo extremo hayas introducido en cera líquida. Al otro lado, ata un nudo. Después, enseña al niño a sostener el macarrón o la golosina mientras introduces el extremo encerado del cordel por su agujero. Cuenta los macarrones o golosinas con él mientras los ensarta. Cuando estén todos metidos, atad un nudo al final del bramante: puede ser una pulsera colorida, un collar o cualquier otra joya.

A esta actividad puedes incorporar la elaboración de series que proponemos en «Actividades de matemáticas». Propón al niño que ensarte un macarrón, una golosina verde, una golosina roja, un macarrón, y vuelta a empezar; así hasta completar el bramante. También podéis elaborar series más complejas. De esta forma, estás estimulando en el pequeño la motricidad fina y también la habilidad matemática de combinar series de elementos mientras crea objetos divertidos.

Si no tiene edad aún para ensartar objetos tan pequeños, anímale a que realice las series y completa tú la actividad. También puede dibujar una línea y, sobre ella, pequeños círculos de colores.

HABILIDADES

- motricidad fina
- coordinación ojo-mano
- series

IDEA

En lugar de bramante, utiliza goma elástica para collares y pulseras.

334

+3

Pasta de almidón

Para crear un abecedario permanente, utiliza pasta de almidón en vez de pasta de sal. Al secarse no se cuartea y se puede pintar. Por supuesto, es posible realizar con ella otras muchas manualidades, como adornos de Navidad, figuritas…

Para hacer la pasta de almidón necesitarás una taza de Maizena, dos tazas de sal y agua (menos de una taza y media). Pon a hervir dos tercios de la taza de agua con la sal. Mezcla la Maizena con el resto del agua en un cuenco y amásalo hasta que esté arcilloso. Una vez preparada, podéis modelarla para formar letras u otras formas. Dejad secar al aire durante unas horas y pintad vuestras figuras.

HABILIDADES

- pensamiento imaginativo
- motricidad fina
- destreza manual
- mediciones

335

+3

Pasta de sal

También puedes modelar el abecedario con pasta de sal. Mezcla 3 tazas de harina, 1 taza de sal fina y 1 taza de agua. Pide al niño que mezcle lo sólido, y que observe los cambios que se producen al mezclar los ingredientes. Según va amasando, añade poco a poco el agua. La masa pasa de tener grumos a ser flexible y homogénea, semejante a la masa de pan.

La pasta de sal es estupenda para modelar el abecedario y afianzar así el aprendizaje del orden que siguen las letras. La pasta de sal no dura siempre, aunque si la guardas en la nevera, dentro de una bolsa de plástico, se conservará una o dos semanas.

HABILIDADES

- pensamiento imaginativo
- psicomotricidad fina
- destreza manual
- mediciones

336

+3

Pintura de dedos

Usar los dedos en lugar de otras herramientas para realizar actividades creativas resulta apasionante, no sólo para los más pequeños, sino también para los adultos. En esta propuesta, disfrutarás tú también. Será muy estimulante para el niño que juegues y te impliques con él en una actividad manual; además de guía del juego, también serás su compañero. Además, trabajar con pintura de dedos intensifica la motricidad fina y proporciona una divertida experiencia sensorial. Prepara una superficie grande y despejada –puede servir una mesa o el mismo suelo– en la que puedas extender papel de embalar. Procura evitar que el niño se deje llevar por la emoción de la experiencia y conduce la actividad con él, para que también se convierta en un aprendizaje. Es importante que primero piense qué quiere dibujar; después, ayúdale a organizar el espacio. Probablemente nunca haya dibujado en una superficie tan grande, por lo que necesitará planificar ligeramente lo que va a pintar. No se trata de limitarle, sino de ayudarle a expresar su creatividad de una forma organizada. Una vez que tengáis establecidos estos pasos iniciales, déjate llevar por la emoción que supone participar con él en una experiencia de aprendizaje tan divertida como ésta.

IDEA

Haz un mural con tu pequeño en el que vaya dibujando las estaciones.

HABILIDADES
- pensamiento imaginativo
- dibujo y pintura

337

Pinzas

Para preparar esta actividad, enséñale a manejar unas pinzas. Deja que practique al principio atrapando trocitos de tela, bolas de algodón o bolitas de papel. Cuando adquiera un cierto dominio, prepara una huevera de plástico o una paleta pequeña de pintura y un pequeño cuenco con canicas. Pídele que transvase las canicas de una en una con las pinzas, hasta la paleta o hasta la huevera.
Puede resultar complicado al principio, incluso para un adulto, pero este ejercicio es excelente para desarrollar la motricidad fina. Anímale a que vaya contando las que puede trasvasar, potenciará su espíritu de superación.

HABILIDADES
- coordinación ojo-mano

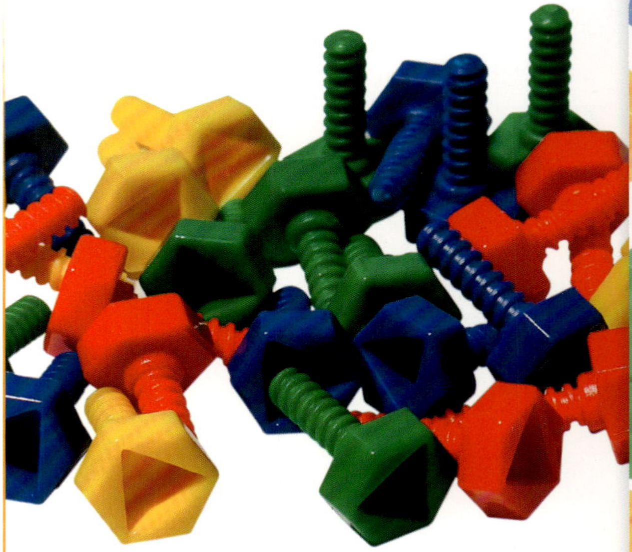

338

Tornillos y tuercas

Con esta actividad se practica la acción de enroscar. Consigue tornillos y tuercas de diferentes tamaños y ponlos en una bandeja. Después muestra al niño cómo desenroscar la tuerca de un tornillo y pídele que quite el resto de las tuercas. Escoge una tuerca y un tornillo y prueba a atornillarlo en sentido contrario. Si no se adaptan, prueba con otras tuercas. El niño se dará cuenta de que cuanto más grandes sean el tornillo y la tuerca, más tiempo llevará atornillar y desatornillar.
Explícale que se enroscan en un sentido para consegir atornillarlo y en el sentido contrario para destornillarlo.

HABILIDADES
- coordinación ojo-mano
- motricidad fina

339

+3

Transvase de líquidos

Esta actividad que propone trabajar con líquidos ayuda al niño a dominar la motricidad fina. Consigue dos cuencos de tamaño mediano y un cucharón grande. Llena un cuenco con agua, por ejemplo, y pide al niño que transvase el agua al segundo cuenco.

Puede ser de utilidad poner el cuenco sobre una fuente, una toalla o un paño. También puede de que quieras aumentar la distancia entre los cuencos para darle mayor emoción y añadir más dificultad. Puedes agregar colorante alimentario con un color primario a los dos cuencos para enseñarle a crear colores. Incluso puede resultar más divertido si incluyes un pequeño objeto que flote, y que el pequeño tenga que llevar de un cuenco a otro.

HABILIDADES
- coordinación ojo-mano

IDEA

Propón al niño que se prepare él mismo los cereales con leche.

340

+4

Transvase de bolitas

Esta actividad para niños pequeños ayuda a desarrollar la coordinación ojo-mano. Consigue dos cuencos de tamaño mediano, cacillos de diferentes tamaños y varias canicas.

El objeto de este ejercicio es trasvasar canicas con el cacillo de un cuenco a otro. Quizá él quiera usar al principio las dos manos: una para sostener el cacillo y otra para meter las canicas en él. Está bien al comienzo, pero la finalidad es trasvasar las bolitas con una sola.

Para un niño pequeño, coger uno o varios objetos y mantener el equilibrio hasta llegar al otro cuenco puede ser, de entrada, difícil, pero con la práctica lo conseguirá.

HABILIDADES
- coordinación ojo-mano
- equilibrio

341

+4

Pelotas de tenis

Probablemente al niño le guste jugar al balón; si tienes una niña, incentiva en ella este juego, pues es muy positivo para la coordinación de pies y manos. Mientras corren tras el balón, están poniendo en marcha a la vez varias destrezas. Una variante divertida es el juego con pelotas de tenis. Si tiene entre cuatro y cinco años, deja que simplemente lance suavemente la pelota de tenis hacia arriba y la recoja con la misma mano. Procura que al principio la lance apenas unos centímetros; según se vaya afianzando, puede ir aumentando la distancia. Cuando ya tenga adquirida esta destreza con soltura, anímale a que haga lo mismo con la otra mano. ¿Le resulta igual de sencillo o más complicado?
También podéis jugar a lanzaros la pelota de tenis entre vosotros, o entre más jugadores. Esta actividad potencia enormemente la psicomotricidad en los más pequeños.

HABILIDADES
- coordinación ojo-mano

342

+3

Pequeñas piedrecitas

Esta actividad ayuda a los niños pequeños a desarrollar su destreza manual y les proporciona también una experiencia táctil fascinante.
Aprovecha una excursión al río o a la playa para buscar piedras rodadas o grijo. Pídele al niño que seleccione varias teniendo en cuenta el color, la forma o el tamaño. Después, pídele que forme diversas figuras con ellas. Si dibuja una cara, las más grandes serán para los ojos, las más pequeñas para el contorno de la cara...

HABILIDADES
- motricidad fina
- coordinación ojo-mano
- pensamiento imaginativo

343 +3

Zapatos con brillo

Hay una faceta muy importante en el desarrollo de los niños, como la asunción de tareas y responsabilidades dentro del hogar. Para ello, podemos también ayudarnos de divertidas actividades, sin olvidar el desarrollo psicomotor que hay detrás de ellas. Por ejemplo, puedes inculcar al niño la costumbre de poner y quitar la mesa después del desayuno, la comida o la cena. Son tareas comunes que competen a todos. Además, hay tareas individuales, como asearse, lavarse los dientes, vestirse o limpiarse los zapatos, que le ayudan a aumentar su autonomía e independencia. Todas ellas son fundamentales para lograr un desarrollo y un crecimiento sanos. Tomará conciencia, además, de su individualidad dentro del ámbito familiar. Empieza buscando un par de zapatos y muéstrale cómo puede meter la mano en un zapato y mantenerla en su interior mientras le pasa la crema. Aconséjale que use un viejo trapito o un aplicador para extender el betún. Podéis utilizar betún con aplicador o una lata de crema. Después de extender la crema y dejarla secar unos minutos, explícale cómo frotar los zapatos. Esta acción puede parecerte muy sencilla, pero para tu pequeño será todo un reto. Es aconsejable que utilice guantes de goma en las primeras ocasiones. Cuando haya terminado, acostúmbrale a que guarde todo.

HABILIDADES
- coordinación ojo-mano
- organización
- asunción de tareas

344 +4

Pegar conchas

Si habéis recogido conchas juntos, podéis ensayar algunos adornos atractivos que requieren motricidad fina. Si tienes a mano unas cajitas de regalo, una actividad divertida será realizar un diseño para cubrir la caja. Puede que el niño quiera pintar la caja primero por dentro y por fuera. Si es pequeño, puede hacer un diseño en la tapa y los laterales. Si es mayor, puede hacer un dibujo y seguir pegando las conchas en su lugar. Puedes aplicar series de elementos en el diseño, retomando actividades anteriores del apartado de matemáticas.

HABILIDADES
- motricidad fina
- coordinación ojo-mano
- pensamiento imaginativo

345

Materiales reciclables

Cuando tienes niños pequeños, a veces merece la pena conservar las cosas y no tirarlas. No todo, por supuesto, sólo lo que puede ser reciclado en actividades para niños.

Guarda todo tipo de cartón, como tubos, separadores, cajas pequeñas y diminutas. Reserva también algunos plásticos: envases, burbujas de embalar, bandejas de fruta envasada, etcétera. Guarda el papel, trozos de tela, papel celofán, tapones, hueveras... Si tienes un surtido de estos objetos en un rincón de tu casa, siempre tendrás a los niños ocupados.

Crear una escultura con objetos reciclables requiere poner en práctica destrezas que fortalecen el desarrollo de la motricidad fina en el niño. Juntar cosas para que tengan una disposición equilibrada es un trabajo complicado y ayuda a que funcione el pensamiento matemático sobre el equilibrio y la proporción. Mantente en un segundo plano y deja que tu niño le dé el aspecto deseado.

HABILIDADES

- coordinación ojo-mano
- pensamiento imaginativo

346

Dibujos con flores prensadas

Es muy divertido realizar manualidades con flores. Si puedes, es preferible que compres un sencillo ramo de flores para hacer esta actividad. También puedes recoger flores caídas.

Si queréis montar un cuadrado con flores prensadas, necesitaréis una cartulina que se complemente con las flores, cortarla para que se adapte al marco y después pedirle al pequeño que pruebe diferentes arreglos sobre el papel.

Otra posibilidad es la de cortar flores y hojas por separado y usarlas como parte del cuadro. Por ejemplo, podríais hacer un borde de hojas alrededor del centro del arreglo, o salpicar el fondo con pétalos de rosa. Asegúrate de que las flores estén completamente adheridas al marco. Para pegarlas en la cartulina, extended el pegamento con un cepillito o un palillo de dientes.

HABILIDADES

- motricidad fina
- coordinación ojo-mano
- pensamiento creativo

347 +4

Estampación con patatas

Tu niño puede hacer preciosas estampaciones usando elementos habituales de la casa. Por ejemplo, puede emplear los alimentos, pero también hojas, corchos, plumas o incluso botones grandes.

Utilizar una patata como plantilla es un modo de estampación muy sencillo. Después de pelar la patata y lavarla, córtala por la mitad o en varias partes. Ahora, hay dos formas de crear el tampón de estampación: puedes dibujar en la patata un diseño y recortarlo para que quede en relieve, o cortar varias formas geométricas. En ambos casos corta tú la patata, y evita que el pequeño se dañe con el cuchillo.

HABILIDADES
- coordinación ojo-mano
- pensamiento imaginativo

348 +4

Estampar con verduras

Imprimir con verduras también es divertido. En vez de recortar plantillas en relieve, puedes cortar en dos los vegetales e imprimirlos tal cual. Por ejemplo, un pimiento cortado a la mitad y sumergido en pintura puede ser una estampación atractiva. Otra posibilidad es usar también objetos del exterior, como piñas, hojas o ramitas.

Para hacer una estampación, prueba con la cantidad de pintura a aplicar en cualquier vegetal hasta que halles la correcta.

HABILIDADES
- coordinación ojo-mano
- pensamiento imaginativo

349

Gimnasia

Cualquier clase de ejercicio es estupendo para ejercitar los músculos largos. A los niños les gusta hacer ejercicios «de verdad». Aprovecha esta buena disposición de tu niño para proponerle que haga flexiones, abdominales, que dé saltos en el aire, volteretas o que corra. Otra posibilidad es preparar una pista de obstáculos en el exterior, el parque o el jardín. Puede hacer una carrera de obstáculos con otros niños, y también saltar a la cuerda o jugar al pilla-pilla.
Imitar a los animales también es un buen ejercicio: deslizarse como una serpiente, saltar como un canguro, galopar como un caballo...
El cuerpo de los niños está en pleno crecimiento y desarrollo, por eso necesitan hacer ejercicio. Es una buena forma de combatir la amenaza de la vida sedentaria. Los juegos con actividad física también son muy buenos para que juegues con tu pequeño. Podéis organizar concursos de salto, de velocidad, hacer partidos por equipos. Todo esto ayudará al niño, no sólo a mejorar su desarrollo físico, sino también a adquirir habilidades y destrezas para que aprenda a desenvolverse en grupo.

HABILIDADES
- motricidad gruesa
- pensamiento imaginativo

350

Limpieza general

Bien sabes ya que él prefiere jugar contigo siempre. Participar en tus actividades y poder ayudarte es empezar a reconocer que se está haciendo mayor. Cuando realizáis juntos una actividad que corresponde a los adultos, tu pequeño se siente muy motivado.
No dejes pasar esta buena actitud, pues es propia de la infancia, y proponle que realice alguna actividad casera con la que él pueda divertirse, aprender y desarrollar habilidades.
No olvides, además, que poco a poco debes inculcarle la cooperación dentro de la familia, adjudicarle pequeñas y sencillas tareas como poner o quitar la mesa o recoger sus juguetes.
Una tarea que puedes proponerle es que te ayude a fregar los platos. Cuando el niño es pequeño, lavar cosas puede resultarle una experiencia muy satisfactoria. Puedes comenzar con una superficie sucia como una mesa o una pequeña porción de suelo (si la superficie además tiene unas cuantas manchas, mejor).
Estos trabajos prácticos proporcionan al niño un sentido de la responsabilidad respecto a su entorno, y le dan la oportunidad de desarrollar la motricidad fina. Podéis adjudicar unos días de la semana a diferentes tareas; anticipando los acontecimientos, el niño adquiere seguridad y aprende a organizar su tiempo.

HABILIDADES
- coordinación ojo-mano
- motricidad fina

351

+3

Juego de pelota

Te proponemos un juego de pelota para dos personas que desarrolla la coordinación ojo-mano. Busca un palo que no sea demasiado grande y ponlo entre los dos jugadores. La distancia –marcada con una tiza o con una piedra– a la que se encuentren los jugadores dependerá de quién juegue: cuanto más lejos, más coordinación se requiere. Al lanzarla, la pelota ha de golpear el palo y moverlo cuando pase de un jugador a otro. La clave del juego es apuntar al palo con la pelota, pero no rodándola, sino haciéndola botar con el fin de que llegue al otro jugador. El que mueva más el palo será el ganador.

HABILIDADES

- coordinación ojo-mano

352

+4

Grupo rítmico

Al niño le gustará construir instrumentos musicales. Podéis quitar a las latas de cacao los extremos y se cubrirlas con tapas de plástico. Como baquetas pueden hacerse servir palillos de comida china, cucharas de madera o las manos. Las cajas de ritmo son pequeños bloques de madera forrados de papel. Se frotan para hacer sonidos. Las maracas se improvisan con un recipiente con arroz. Dos tapas pueden ser excelentes platillos.

Pensad en cómo podéis obtener sonidos de los objetos cotidianos que tenéis en casa. Sería muy positivo obtener múltiples sonidos, graves y agudos, además de crear variedad de instrumentos: de percusión, de viento, de cuerda...

HABILIDADES

- motricidad
- coordinación

353

Pelando zanahorias

Para aumentar el desarrollo de la motricidad fina, una buena actividad es aprender a pelar zanahorias con un pelador. Ante todo, comprueba que el niño se lava las manos: es un hábito importante cuando se manipula comida. Enséñale a coger la zanahoria con una mano; con la otra, explícale cómo debe coger el pelador de zanahorias. Al principio parecerá una tarea muy difícil de ejecutar, pues está aprendiendo a utilizar dos herramientas, sus manos y los objetos que le ayudan a pelar la zanahoria. Enséñale a pelar hacia fuera y a que vaya girando la zanahoria hasta que esté completamente pelada. Después, corta tú los extremos de la zanahoria y trocéala.

HABILIDADES
- coordinación ojo-mano
- motricidad fina

354

Pintura con canicas

Para realizar una actividad de impresión que también potencie la motricidad fina, pon una canica en un plato de pintura. Coloca una cuartilla de papel en una bandeja. Después, con unas pinzas, el niño puede coger la canica (tampoco es tan difícil), ponerla en el papel y hacerla rodar por todo el papel y la bandeja para hacer un diseño.
Otra posibilidad es utilizar varias canicas, cada una con un color distinto, usar las pinzas para cogerlas de una en una y animar el diseño con sus diferentes colores.

HABILIDADES
- coordinación ojo-mano
- psicomotricidad fina

355

Prensar flores

Realizar una actividad de prensado de flores enseñará mucho al pequeño sobre la morfología de éstas. Por ejemplo: las flores tienen mucha humedad y cambian de color después de secarse. Procurad que las flores estén lo más lisas posible cuando se estiran en el papel, para lo que deberán cortarse las partes más gruesas. Cuando hayáis escogido las flores, alineadlas en un periódico de tal forma que no se toquen. Después, cubridlas con más papel y poned libros pesados encima. Dejadlas una semana más o menos y vigiladlas de vez en cuando.

HABILIDADES
- motricidad fina
- pensamiento imaginativo

356

Ralladura de pinturas

Una actividad artística interesante que le enseñará a usar un rallador es la ralladura de ceras.

Coge varias ceras (las grandes son las mejores) y quítales el papel. Después, sosteniendo el rallador sobre un cuenco, muestra al pequeño cómo frotar la cera contra el rallador. Utilizad ceras de diferentes colores y ralladlas hasta conseguir llenar una tacita. Pídele que las espolvoree sobre un papel encerado, cubridlo con otro y después utiliza la plancha caliente –nunca él– para pasarla por encima. La ralladura de ceras se derretirá, creando divertidas formas. Cuando se haya enfriado, podéis recortar alrededor del dibujo. Después, haz un agujero en la parte superior, pasa un cordel por él y colgad el adorno en una ventana.

HABILIDADES
- coordinación ojo-mano
- motricidad fina

357

+5

Texturas de las telas

En este ejercicio se trabaja con texturas. Busca diferentes tipos de tela y asegúrate de que tienes dos de cada clase. Esta actividad puede realizarse con los ojos abiertos o cerrados, pero lo importante es observar y comparar los diferentes tipos de tela y emparejarlos.
Supón que tienes dos toallas, dos sábanas, dos jerseys de lana, dos chubasqueros... Pídele que los toque y que los describa. Para que sea más difícil, pídele que cierre los ojos y escoja tres telas. Después, anímale a que agrupe las que tienen el mismo tacto. Al final, con los ojos abiertos podrá comprobar lo que ha hecho.

HABILIDADES
- coordinación ojo-mano
- hacer comparaciones
- ordenar y clasificar

358

+5

Almohadas con retales

Si el niño es un poco habilidoso, esta actividad le resultará muy estimulante. Proponle hacer juntos unas almohadas o cojines. Puedes usar todo tipo de telas como relleno. Antes de comprar nada, buscad en casa retales y viejas prendas que ya no utilicéis. Alguna de estas telas quizá os guste para hacer la funda de la almohada; para el relleno podéis utilizar esas viejas prendas o trapos que no vayáis a necesitar.
Recortad la tela con las dimensiones adecuadas. Después, enséñale a hacer un sencillo sobrehilado o un punto del derecho. También puede hacer los dos, pues son puntadas que hacen los niños con facilidad.
Enséñale a utilizar el dedal; éste le será muy útil para perder el miedo de pincharse con la aguja.

HABILIDADES
- coordinación ojo-mano
- creatividad

359

Manualidades con patchwork

Las manualidades con *patchwork* se pueden hacer con papel o con tela, y pueden constituir tanto una actividad matemática como de lectura o asociación.
Se recortan en papel varios cuadrados iguales, y en uno escribe el nombre de un animal o una planta o un personaje, y el niño deberá dibujar en otro a ese animal, planta o personaje. Una vez unido cada nombre con su dibujo, se pegan en filas de dos o de cuatro en una cartulina, y ya disponéis de un *patchwork* «personalizado».
Otra posibilidad es hacer cuadrados con trozos de fieltro de colores y escribir con rotulador o bolígrafo para tela varios números en letra por un lado y por otro en cifra, y el niño ha de unirlos; o bien sumas sencillas en unos cuadrados y sus resultados en otros. Después se colocan igualmente en filas de dos o cuatro pero en este caso se pueden coser con tu ayuda y agujas grandes y sin apenas punta. Será un recuerdo que quede para siempre.

HABILIDADES
- coordinación ojo-mano
- patrones
- dibujo y pintura

360

Aguja e hilo

A los niños les encanta coser y, para ello, deben tener los materiales adecuados. Aunque algunos consiguen dar algunas puntadas antes de que los empiecen a ayudar, usar un cañamazo para manualidades puede facilitar las cosas. No olvides que los niños pequeños necesitan que estés con ellos la mayor parte del tiempo mientras cosen, la coordinación ojo-mano que se necesita les resulta muy difícil de dominar.
Corta un trozo de cañamazo de 15 x 15 cm. Enhebra una aguja para lana, metálica o de plástico, con hilo grueso. Haz un doble nudo en el hilo y muéstrale cómo vas de abajo hacia arriba y de arriba abajo con la aguja. Si crees que puede, pregúntale qué diseño o modelo le gustaría hacer. Sería muy atractivo un modelo que combinara varios colores. Un niño mayor podría dibujar sus iniciales con un rotulador y luego bordarlas. Para terminar, podría rellenar el fondo con un color diferente.
Si quieres animar al pequeño en este tipo de actividades, puedes comprar una ilustración impresa en cañamazo.

HABILIDADES
- coordinación ojo-mano
- patrones
- dibujo y pintura

361

Mosaico de papeles

Hacer un cuadro de un mosaico con muchos cuadraditos de papel es un reto. Ayuda al pequeño a pintar y cortar tiras de papel de diferentes tamaños y después córtalas. A veces los mosaicos pueden ser sólo diseños, sin seguir un dibujo predeterminado, y aquí es por donde podría empezar. Simplemente tendría que pegar los cuadrados en líneas, no al azar, encajando lo mejor posible unas formas con otras para no dejar huecos.

Otra posibilidad es diseñar una forma sencilla de un animal o una flor. Guíale a la hora de decidir los colores a utilizar para los pétalos o los rasgos del animal, pero recuerda: lo importante es que él ponga en práctica sus ideas y se afiance en el desarrollo de la actividad. Así fortalecerá su autonomía y su independencia.

HABILIDADES

- motricidad fina
- imaginación

362

Jugar con globos

Para potenciar de una forma divertida la motricidad gruesa, resulta muy divertido jugar al lanzamiento de globos. Esta actividad es más compleja que la de lanzarse un balón, cuyos movimientos son más previsibles. El globo puede ser desplazado de su trayectoria por el viento, y su forma irregular hace que sea complicado acertar al lanzarlo. Esta imprevisibilidad lo hace divertido, al tiempo que refuerza el aprendizaje. Jugad juntos a encestar globos o a lanzarlos entre vosotros.

HABILIDADES

- motricidad fina y gruesa
- coordinación ojo-mano

363

+5

Pintura con pajitas

Podéis pintar pajitas en papel. En primer lugar, mezcla pintura de témperas con un poquito de agua para que pierda espesor, y vierte un poco en medio de un papel.
Después, enséñale a coger una pajita, mantenerla a una distancia de 10 cm por encima del papel, y a soplar con ella para dirigir la pintura a lo largo del folio. Distribuye unas cuantas manchas de distintos colores en la superficie para que el niño cree diseños de gran colorido variado.

HABILIDADES

- coordinación ojo-mano
- pensamiento imaginativo

364

+5

Reutilizar materiales

Es importante que conciencies al niño en el cuidado del medio ambiente; pequeños actos cotidianos, como reciclar o reutilizar envases, le ayudarán a tener buenos hábitos ecológicos. Además de reciclar papel, vidrio, pilas y plásticos, es muy importante que consumáis productos poco envasados. Dar un nuevo uso a estos envases es una tarea creativa que puede resultar muy divertida.
Escoged un envase: una bandeja de plástico, una lata de cacao, un cartón de leche... Cuando lo hayáis limpiado bien, pensad en cuál va a ser su nuevo uso. Un envase, al ser impermeable, podría ser un jarrón, por ejemplo. Después, decoradlo con la técnica del mosaico o del *patchwork;* incluso podéis pintarlo con témperas. Cuando acabéis, dadle una mano de barniz.

HABILIDADES

- destreza manual
- pensamiento imaginativo

365

Pintando un mueble

Esta actividad creativa también ayuda a desarrollar la motricidad fina. Busca un mueble de madera al que queráis dar un nuevo aire y ayuda al pequeño a pintarlo. Proponle, no sólo que lo pinte, sino que cree su propio diseño. Si es una silla o una pequeña cómoda, pensad en los diferentes colores que podría tener. Ayudaría que vierais muebles pintados a mano, como esas sillas andaluzas de gran colorido. Hablad también de los diferentes diseños. Quizá cada pata podría ser de un color diferente, y también el respaldo y el asiento. ¿Qué modelos o dibujos pondréis cuando se seque la primera capa?
Si quieres que el mueble sea para él, puedes ponerle su nombre, y un dibujo de un gato. O puede convertirse en una silla llena de palabras. Las posibilidades son infinitas. Ayúdale a que la primera mano sea uniforme. Y utiliza el mueble terminado como parte del mobiliario de la casa.

HABILIDADES

- motricidad fina
- patrones
- dibujo y pintura
- pensamiento imaginativo

IDEA

Si el mueble lo permite, decoradlo también con hojas secas.

1+1=2

sumario

Actividades del lenguaje

Actividades de matemáticas

Actividades de ciencias

Actividades para el desarrollo físico